関係性はもう一つの世界をつくり出す

Creative Relations Imagine Another World : An Essay Concerning Human Activities

人間活動論ノート

松田道雄
Michio Matsuda

新評論

あなたへの贈り物です。

本書の考えを用いて筆者が授業で描いた黒板
（東北芸術工科大学「こども芸術教育概論」、2008年）

子ども世界からの再発見　1.「湿原」

（東北芸術工科大学こども芸術大学　2006年）

2.「乗り物」

（東北芸術工科大学こども芸術大学　2006年）

3.「クレヨン」

（東北芸術工科大学こども芸術大学　2006年）

4.「氷とり」

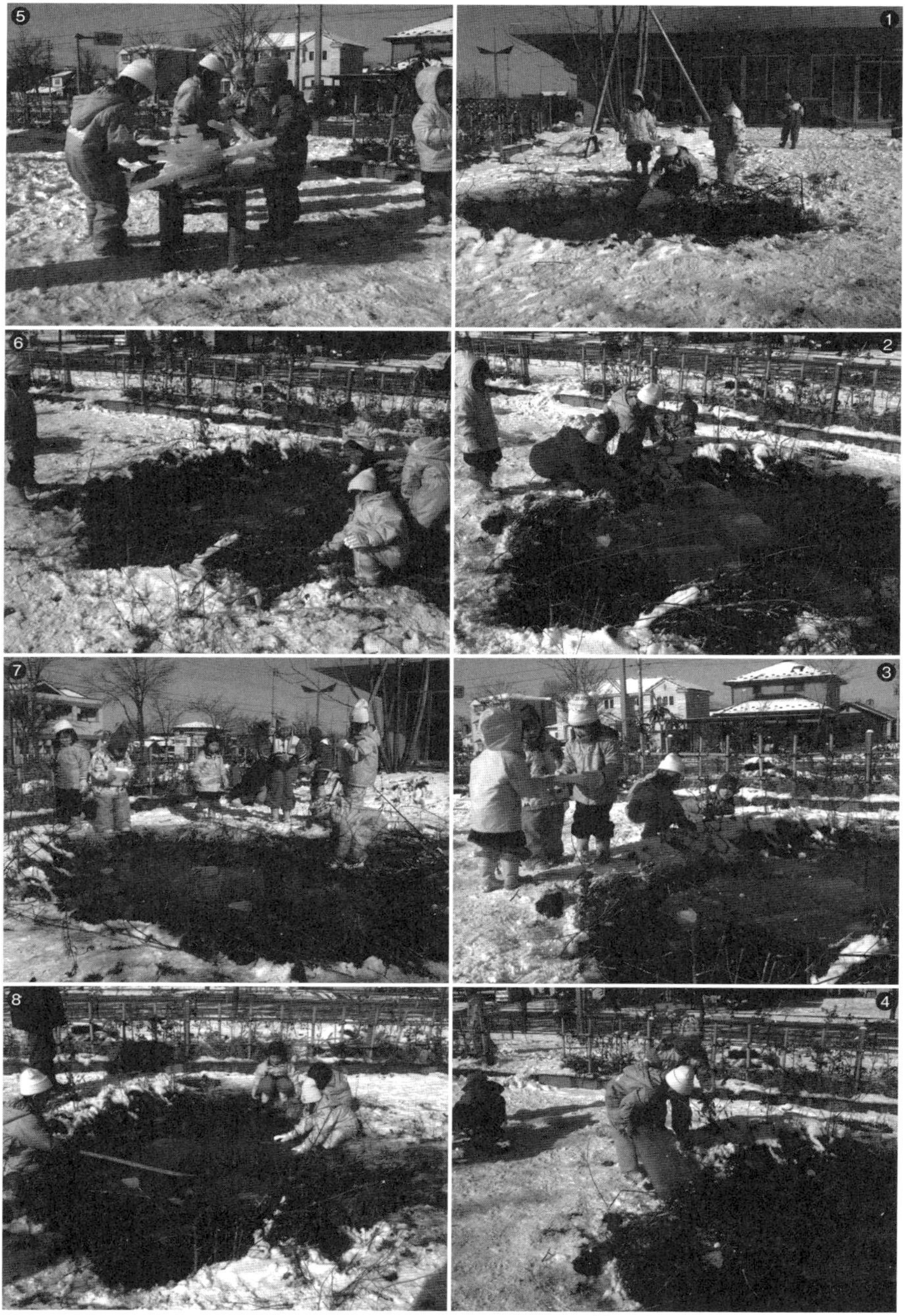

（東北芸術工科大学こども芸術大学　2007年）

「二者関係10図」（数字は本書言及ページ）

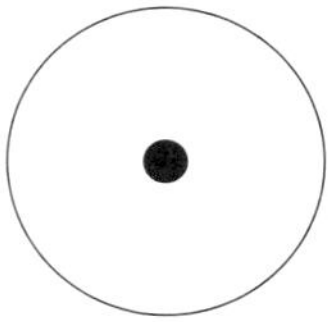

包む―包まれる（122）

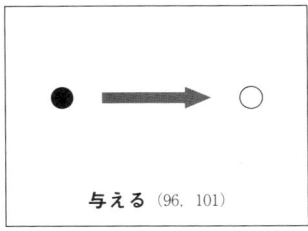

与える（96, 101）

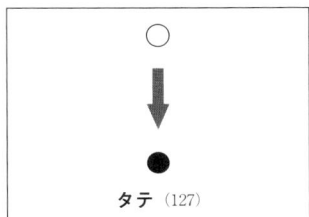

タテ（127）

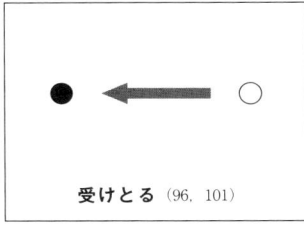

受けとる（96, 101）

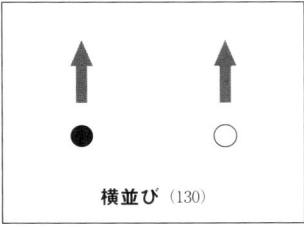

横並び（130）

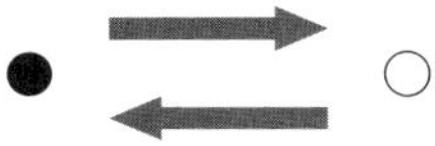

交換する（96）

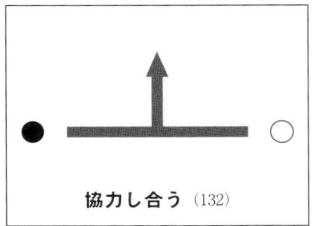

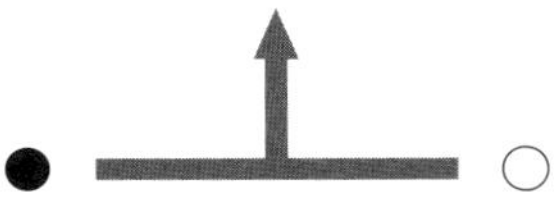

協力し合う（132）

近づく（113）

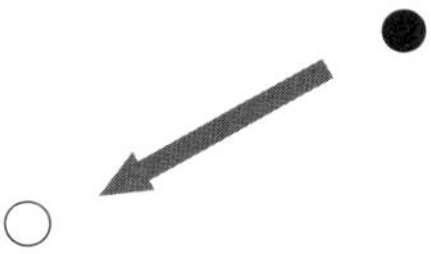

ナナメ（136）

離れる（113）

●「三者関係10図」（数字は本書言及ページ）

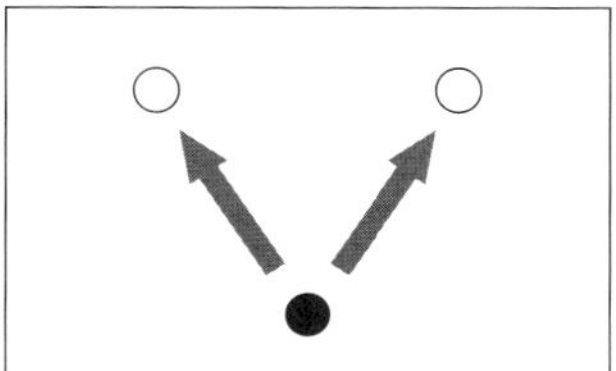

振りまく（155）

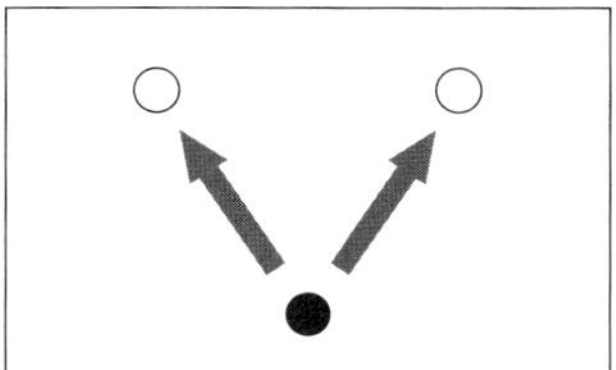

見渡す（152）

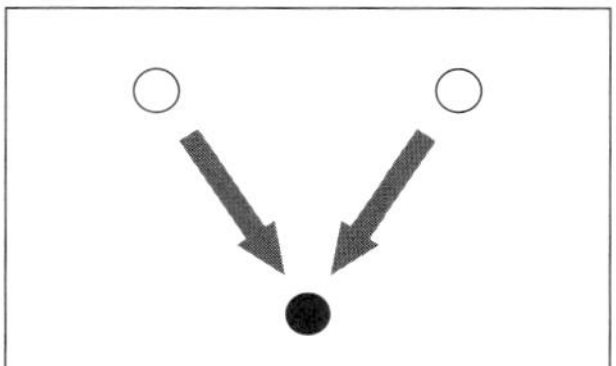

受けとめる（155）

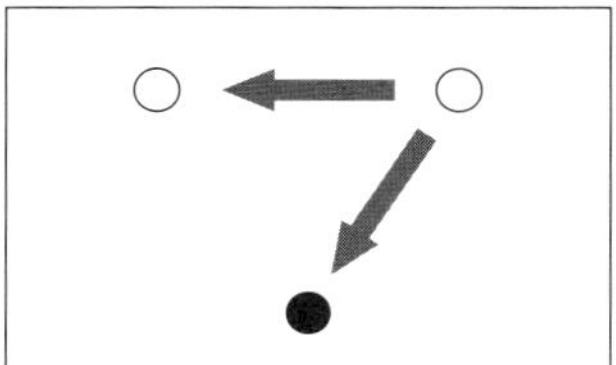

聞く（152）

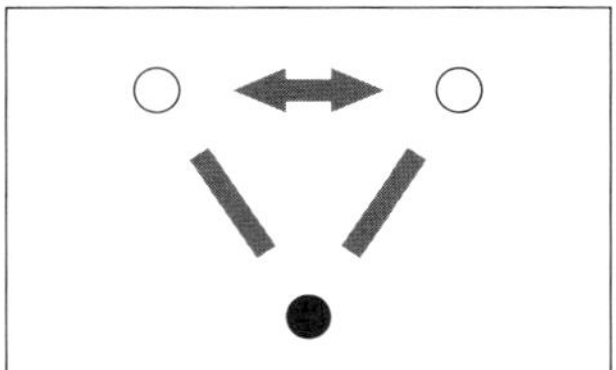

比べる（156）

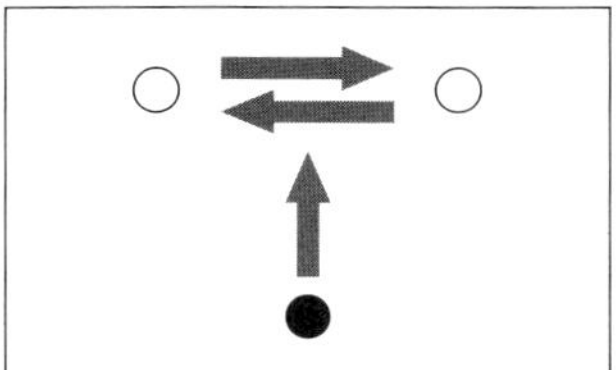

入り込む（153）

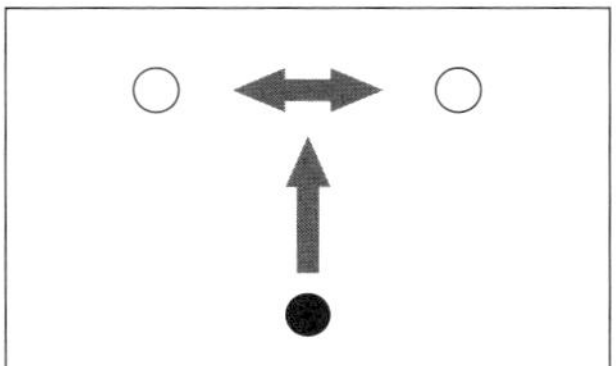

組み合わせる（156）

気配る（154）

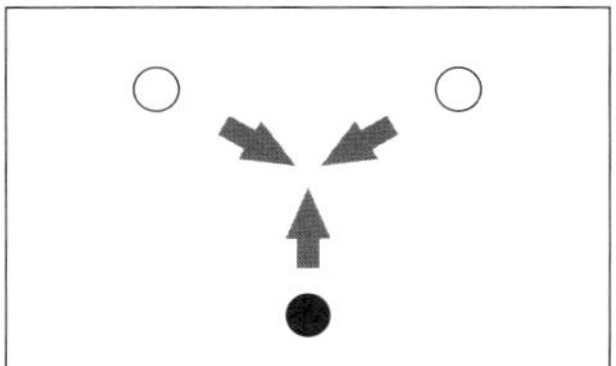

ともに在る（157）

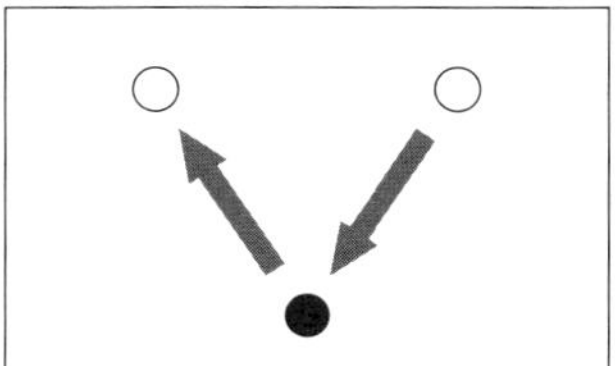

振る（154）

目次

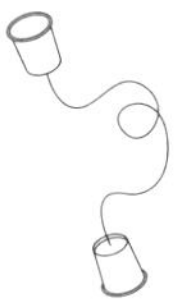

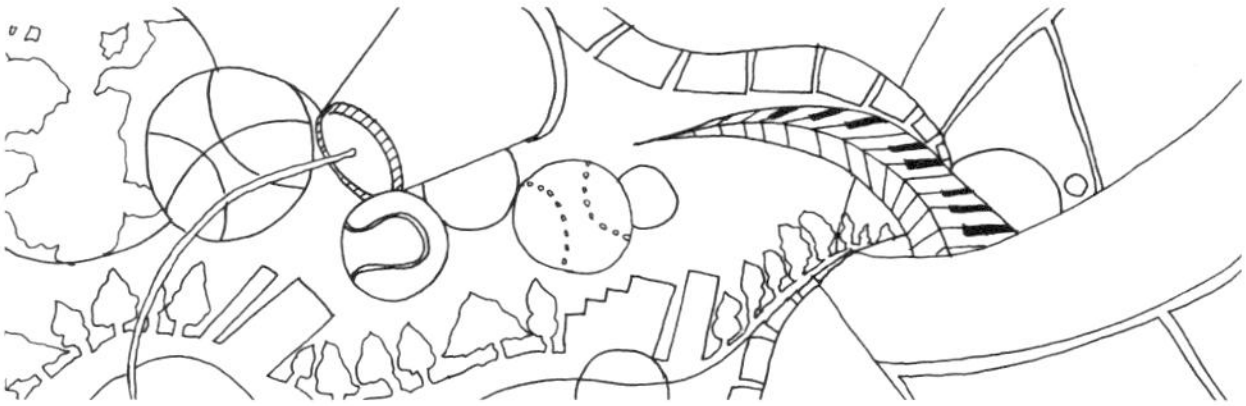

はなえ の ぬりえ
（ご自由に色をつけてください）

はじめに〈キュービズムな「方法序説」〉

ねりにねって、ようやくでき上がりました！

（パンや餅のことではなく、この本のことです。）

この本は〈「私の考え」づくり〉をまとめたものです。このようなまとめ方を最初に着想したのは、私が大学生の時です。以来、何度か「まとめ方」を試みましたが、結局、こんなかたちでみなさんに読んでいただけるまでに三〇年かかりました。

この本をまとめるにあたって、私はあらためて「つくる」ということの感覚を実感し直しました。ここでの「つくる」とは、頭の中にある思いを目の前に表わして、形にしたかと思うと再びそれをねり直し、何度も何度もその姿かたちを変容させていくという過程です。あらゆる物事が便利に「つくられる」時代の中で、この本は「つくる」醍醐味を十分に味わって完成されたように感じています。この本の中では古代ギリシャの哲学者プラトンが書いた著作もいくつか参考にしていますが、私が使う「つくる」ということばの意味合いは、プラトンの言う「創作」ということばが当てはまるかもしれません。

「いってみればこんなぐあいです。あなたの知っているように、創作（ポイエーシス）というのは広い意味の言葉です。言う迄もなく、いかなるものであれ非存在から存在へ移行する場合その移行の原因はすべて、創作です。したがってまた、あらゆる技術に属する製作は創作であり、それに従事する工作者は創作者であるわけです。」

鈴木照雄訳「饗宴」（『プラトン全集5』岩波書店、一九七四、八四頁）

こうしてこの本は、私が考えた「ものの見方・考え方」、つまり「私の考え」をみなさんに「贈る」ものとしてまとまりました。そして、この本の中で私は、こんなふうに自分の考えをつくり表現してみませんか、とみなさんに提案しています。

「私の考え」は、だれでもが持っているはずです。それは、自分のそれまでの人生体験（家庭環境、出会った人、読んだ本、関わったモノ、行なったコトなど）によってつくられ、常に新たな体験によって少しずつ変容しているものです。それゆえ、「私の考え」の全体を表わそうとする場合は、それらの考えのもとになった「私」自身の人生体験も併せて語る必要があります。

そのような「まとめ方」を構想するに際して触発された本があります。一七世紀フランスの哲学者ルネ・デカルトが書いた『方法序説』です（この本の正式名は『理性を正しく導き、もろもろの科学における真理を探究するための方法の序説』です）。当時、学者の間ではラテン語で書くのが普通でしたが、デカルトはこの本を一般市民に向けてフランス語で書き上げました。デカルトの考え（世界観）は、近代社会を成り立たせている考え方（近代合理主義）の代名詞のように語られてきました。それゆえ、近代社会の在り方を批判的にとらえる人はデカルトの考えをも批判的にとらえています。しかし、ここでは、デカルトの方法的態度に着目したいと思います（もし、デカルトの考えを超えようとする場合も、自分を語りながら自分の考えをまとめるという方法は出発点になると考えたのです）。

デカルトは、「理性を教化し、自分が自分できめた方法にしたがって、力のおよぶかぎり真理の認識に前進してゆくために一生を費やすということ」（『方法序説』）を生涯の仕事として、後世に大きな影響を与える「私の考え」をつくり上げました（彼は、そのような仕事を「哲学」と呼んでいます）。私たちは、デカルトのように一日中を真理の探究のために生きているわけではありません。しかし、「私の考え」を自覚的にとらえることは、長い人生の中でだれもが必要になることではないかと思います。本書は、そのような思いから、私（松田道雄）自身が自分の人生体験をもとにつくり上げた「私の考え」の全体です。

私は、「私の考え」をまとめる視点として「関係性」に着目しました（このことはデカルトの考えとは異なるように思います)。本書は、「関係性」からものの見方・考え方をとらえ直し、私たちがよりよく生きていくための手がかりを提示したものでもあります。

私はかつて、中学校の教師をしながら、現代社会に生きる私たちが忘れかけていた人間の営みを駄菓子屋の中に見出し、駄菓子屋世代の中高年の人たちに「自分たちが生きてきた文化を再確認して次世代に伝えていこう」と提案しました(『輪読会版・駄菓子屋楽校—あなたのあの頃、読んで語って未来を見つめて』新評論、二〇〇八年)。本書『関係性はもう一つの世界をつくり出す』は、その人間の営みの活動原理とはどのようなものなのかをつきつめていった思索の産物でもあります。

本書を読まれると、何やら焦点がたくさんあって、全体を統一的にとらえることができないように思われるかもしれません。たとえば、「あなたは、どのような考えを持っていますか?」と問われれば、だれもが雲をつかむような思いをするでしょう。「私の考え」は、考える対象によっていろいろありますし、矛盾するような考えも持っています。しかも、それが日々の生活体験から考え出され、日々の生活に還されるものであればなおさらです。日々の生活は、昨日の夕食と今日の夕食が関連なく異なるように、たくさんのことがらが混在しているようなものだからです。「私の考え」は、いろいろな見方・考え方を産み出す「混沌とした全体」です。多くの古今東西の思想家の著作をみても、そのような感じを受けます。

本論の中には「多面的」ということばが出てきますが、まさに「私の考え」は「多面的」なのだと

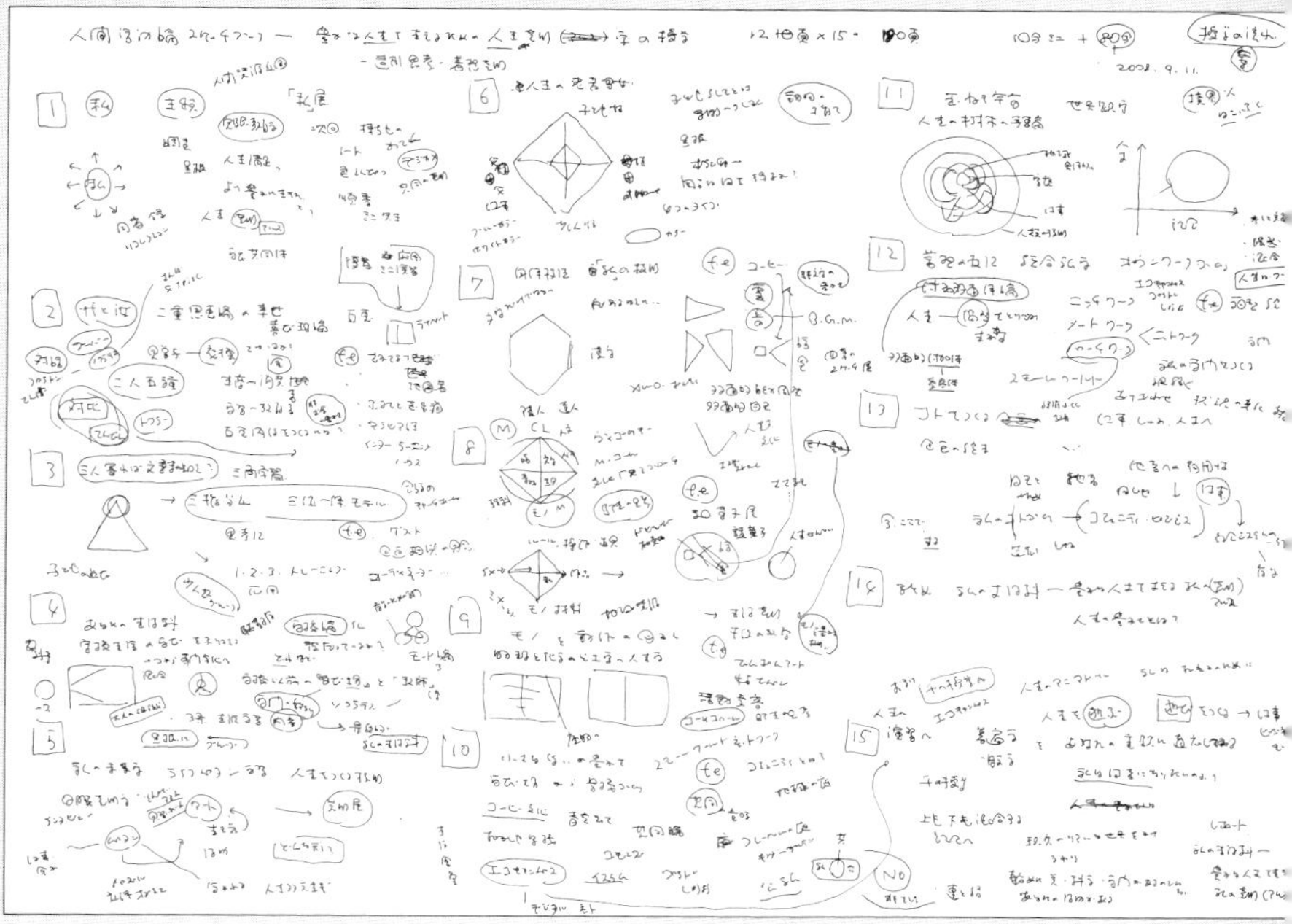

写真1　本書を書くにあたって描いた内容の構想スケッチ（二〇〇八年）

思います。それを一つの平面に表現しようとすれば、立体をたくさんの視点から平面に表わすキュービズムの技法で描いたピカソの絵画のように見えるかもしれません。表現形式としての本書の最大の特色も、一見統一感のないように感じるこの多面性にあります。多くの書物は、ある主題を一点透視法的に探求していく形式が一般的です。それは学問の専門分化と連動して個別細部の論考が増殖していることとつながります。しかし、一人の人間からすれば、私たちはさまざまなことに関心を持ち、さまざまな次元の層を併せ持っている存在ゆえに、個別を総合した「私」の学びが根底に必要なのではないかと思うのです（そもそも人文主義はここに立脚していたと思います）。その意味で、本書は、私たちがこの社会に生きて人生を探求していくための「キュービズムな方法序説」とも言えます。

このようにして、この本をまとめる中で自分の人生体験を総合的にふり返り、それらを濾過《ろか》していったら、「私が生きて何か活動することは、人とモノとの関係性の連続的体験ではないか」という考えにたどり着いたのです（写真1）。そこで「関係性」を主題にして、「私とモノ」の関係、「私と人」の関係、「私」の内なる関係という三つの視点からさらに考えを深めることになりました。その作業内容を通して、私が気づいたことは、次のようなことです。

現代社会はバラ色に完成された理想社会ではなく、いろいろな問題や課題がある。そのような中にあっても、「私」をとりまく物事の関係性を再考してみると、それまで「私」がとらえていた見方・考え方とは異なる新たな見方・考え方が見えてくるようだ。それは、あたかも「もう一つの世界」という感覚になる。そこから、新たな「私の生き方」をつくり出していくことはできないだろうか。

これが本書のタイトルに込めた思いです。そして、私が「関係性」という視点からまとめた私たちの日常活動の全体は、**人間活動論**としてとらえることができるように思いました。「関係性」という概念、あるいはそれが営まれる**人間活動論**は、教育・政治・経済・福祉・コミュニケーション・芸術など、あらゆる人間活動の領域を形づくる原型として考えることができます（実際に、本論はそのような領域が総合的に含まれています）。これが副題の意味です。さらに、このようにして日常生活を見つめ考えていくことは、その時間連続として、自分の人生を生きるための**人生学習**にもつながっていくのではないかと思い至りました。

このような**人間活動論**としての本書は、私の人生体験にもとづき、そこに古今東西の思想家の考えを取り入れ、さらに大人が忘れてしまっている幼児の活動と人類史もふまえながらつくり上げられました。私はここから、専門的な論文とは別の形で、人生史にもとづく「自分の思想づくり」を若者に提案したいと思います。

本論に入る前に、本書に登場する主要な固有名と、本論の考えをつくるもとになった背景を紹介します。その背景を整理すると大きく四つに分けられます。(1)「私の自分史から」、(2)「私が読んだ本・出会った人から」、(3)「子どもの活動を観察して」、(4)「人類の歴史を思い描いて」。

(1)私の自分史から（学びを深めたところ）

■山形大学人文学部　私は、生まれ育った山形市にある大学に入学しました。一応、哲学（美学）専攻に籍を置き、文化から科学まで幅広い本を読んだり、新聞の切り抜きなどをして、何かにか活動しようと試みました。本書の内容の原型となる考え方と活動法を総合的にゆっくりと培いました。

■山形県山辺町立山辺中学校　最初の赴任校です（七年間）。郷土の民俗学に関心を持ち、地域の中で特色ある教育活動を試みようと、地場産業のニット業に着目して「編み物クラブ」をつくりました。休日や余暇時間には、「**総合生活環境芸術創造集団**」というグループをつくって壁画制作を企画し、その図案をニットに編み込む**関係性のデザイン**活動（一九九三年ロレックス賞佳作プロジェクト）も試みました（七一頁）。

■山形大学附属中学校　二番目の赴任校です（六年間）。授業研究に重点を置いて、社会科の授業の教材研究を行ないました。その中で、国際交流や異文化交流をはかる授業を試みたり、縄文人の土器・石器づくりなども調べました（四六頁）。この中学校に勤務している時に、山形大学大学院教育学研究科に入学し、駄菓子屋を調査して「駄菓子屋の教育的意義」を修士論文にまとめました（一九九七年）。この研究活動は、学校教育と地域教育との関係性を考えるだけでなく、モノと人との関係性から生まれる人間活動の豊かさを見出すきっかけになりました。駄菓子屋研究の成果は、のちに『駄菓子屋楽校—小さな店の大きな話・子どもがひらく未来学』（前掲書旧版、新評論、二〇〇二年）という本に結実しました。調査と同時に、休日には「**だがしや楽校**」（一四四頁）という集いも試みました。この集いは現在、全国各地で行なわれるようになっています。

■山形県埋蔵文化財センター　埋蔵文化財の調査研究員となり、遺跡の発掘調査を行ないました（三年間）。人間の日常的な営みについて、人類の悠久の歴史的な視野から想像してみる態度を古代人が生活していた大地に立って身につけました。

■山形県上山市立南中学校　三番目の赴任校です（三年間）。職業学習を超えて、生き方や人生を考える学習を思案しました。休日にボランティア活動として、地元のコミュニティラジオで地域の人たちの生き方をインタビューする「**天分楽校**」と名づけた番組を担当し、そこから見えてきた地域生活の多様な在り方を授業でも紹介しました（一六四頁）。

■山形県上山市宮川中学校　四番目の赴任校です（一年間）。教室の黒板と同じ縮尺のノートを考案して授業で活用しました。現在、大学の授業でもこのノートを使用しています（二一四頁写真）。本論で「会話」を「キャッチボール」に見立てたのは、この中学校で野球部の顧問をしていたことがヒントになっています（一四八頁）。

■東北芸術工科大学　山形市にある芸術デザイン系の大学です。中学校を退職して、この大学のこども芸術教育研究センターの研究員になりました（二年間）。子どもの観察をしながら、研究のための授業を受け持ち、これまでの体験を応用してさまざまな実践を試みました。担当した授業の科目名は「こども芸術教育概論」「こども芸術教育活動論」「こども芸術教育演習」です。これらの授業は二〇〇九年度からなくなり、その成果は芸術学部美術科に新設された総合美術コースの授業に生かされます。私も非常勤で授業をします。

■**こども芸術大学**　東北芸術工科大学内に設立された幼児と母親と大学生が学ぶ教育機関です。人間の活動を考える視点から、私はここで幼児の活動を観察しました。午後には「こども芸術教育演習」の一環として、幼児と母親を対象にした創造的な教室「**午後の教室**」を実践しました（五八頁）。

■**高千穂大学**　東京・杉並区にある私が現在勤務している大学です（二一年目）。私の所属は、人間科学部児童教育専攻です。担当教科は「教育方法」「生活科指導法」「社会科指導法」「ゼミ」などです。「生活科指導法」では、体験と学習の関係性を考える実践事例として、野菜づくりの体験活動を試みています（六五頁）。私の「松田ゼミ」では、本論の内容を手がかりにしながら、社会の中でのさまざまな実践活動を通して「私の考え」づくりを探求しています。

■**遠藤ハウス**　ひょんなことから私が半年間、週四日住んでいた留学生のホームステイハウス（東京・杉並区）です（一二二頁）。大学までは都立和田堀公園の中を自転車で通り、約数分の道のりでした。

(2) 私が読んだ本・出会った人から

本書には、私が本で出会った二七人ほどの古今東西の思想家や研究者が登場します。私が読んだそれらの人たちの本を含めて、本論で特に参考にしたものは、巻末の「参考図書館」の中に紹介しています。また、具体的な人では、「私の人生」づくりを模索しながら今を生きている代表者として、偶然に出会った片桐勝さん（山形県天童市）を本論第三章で紹介します。

(3)子どもの活動を観察して

そもそも私たち人間は、どのように「人」や「モノ」と関わって活動しているのでしょうか。これを考えていくには、私たちが大人の活動様式を身につけていく過程で次第に忘れてしまった「子どもの活動」をふり返ることが手がかりになると思いました。

幸いにも、私は東北芸術工科大学こども芸術大学で幼児を日常的に観察する機会を得ました。そこでは、さまざまな発見がありました。本論に入る前に、そうした発見の中から四つの子どもの活動場面を少し紹介します（扉写真1～4）。これら「子ども世界からの再発見」によって、私は私自身の子ども時代をもあらためて思い起こすことになりました。そして、そこに、今の私たち大人が学び直すことができる何かが潜んでいるのではないかと考え続けています。本論の内容にも、そうした「子ども心」が溶け込んでいます。

■写真1「湿原」　二月のある日、年少組（三・四歳）の子どもたちが大学のグラウンドに散歩に出かけました。雪がわずかに残る芝生のグラウンドにできた水たまりには薄い氷がはられていました。まるで大湿原が現れたような感じです。一人の男の子が、その水たまりをこぎまわって氷を足で割っていました。その様子は、まるで大地と一体になって奔放な踊りを踊っているかのような駆けまわり方でした。周囲にいる友だちのこともおかまいなしです。教育学者の矢野智司先生は、子どもが世界と一体になるような体験を「溶解体験」ということばで説明していますが、この男の子のふるまいに、このことばが思い浮かびました。見ている私の方も、自分の心の奥にしまわれていた「世界と一体になる生命の躍動感」がよみがえってくる感じがしました。

■写真2「乗り物」　冬は室内での遊びが多くなります。ある日、年少組の部屋では、子どもたちが大きな積み木を持ってきて並べ始めました。すると、そこに座る子がいて、椅子を持ってくる子も出てきました。まるで「列車」に乗っているような雰囲気です。それからは、そこを舞台に、さまざまな出会いとやりとりが生まれていきました。大人の映画にも、駅馬車や汽車や船の中を舞台にして人生模様を描くスタイルがありますが、こちらは台本が用意されている劇ではなく、自分たちでつくった舞台にやって来た仲間と、想像の物語を即興でつくり上げています。その「列車」は、宮沢賢治が描いた「銀河鉄道」のようなものだったかもしれませんし、想像の宇宙を旅する乗り物だったとすれば、子ども世界の「宇宙船地球号」だったかもしれません。やがて、みんなであとかたづけをして、乗り物の旅は終わりました。

■写真3「クレヨン」　年中組の四歳の男の子が、「何描《か》こうかな?」とクレヨンを取り出して、お絵描《か》きをしようとする場面に出くわしました。ところが、その子は、色とりどりのクレヨンを出したら、並べて形をつくることに夢中になってしまいました。その形は「虹」になり、次に幾何学模様に変容して、男の子は自分でもおもしろい形ができたという表情をしました。そうしたあと、ようやく当初の目的を思い出したらしく、自分が複数のクレヨンでつくった形を画用紙に描き始めました。と思いきや、持っていたクレヨンが手からすべって偶然に立ったのを見て、何と! クレヨンを立ててボーリング遊びを始めたのです。そのあと再び絵を描こうとしたところで「かたづけですよ」という声がかかり、クレヨンを箱にしまうことになりました。すると、またまた並べることを思い出して最初の「虹」を再現し、それを画家のように立って眺めて満足した様子で終わりました。

約二〇分の間に、この男の子は、「クレヨンで絵を描く」という大人の直線的な目的活動の視点から見れば何ともあちこち逸脱行為をしながら、「並べて形をつくる」「立ててボーリング遊びをする」といった思わぬ創造活動を発見していきました。ノーベル賞を受賞した科学者が、「偶然に発見する能力」を意味するセレンディピティということばの重要性を指摘することがあります。このことばは、旅の途中で偶然の出会いをしながら幸せを得るというスリランカの民話からとられた造語ですが、発見のレベルは別にしても、子どもにはこのような発想の能力があるということなのでしょうか。

■写真4「氷とり」　気温が下がった冬のある日、園庭に掘られた小さな池に厚い氷がはりました。大人であれば飛び越えられるくらいの池ですが、子どもにとっては小さいとは言えない大きさです。年中組（四・五歳）の女の子たちが、この池にはった氷の「獲物」をとるのに熱中していました。入れ替わり立ち替わり、子どもたちは氷をとっては、そばに置かれていたテーブルの上にこの「収穫物」をせっせと載せていました。始めのうちは、足元にある氷をそのまま手でとることができましたが、真ん中に浮かぶ氷はなかなかとることができません。できそうでなかなかできない「課題」に直面すると、人は何とか解決しようと努力します。これは教育学の本などに書かれていることですが、この場面がまさにその状況でした。

しばらくすると、女の子たちは声をかけ合って、一方が対岸に移動して二手に分かれ、水面を漂う氷をどちらかの子が押して、もう一方の子が引き寄せてとるという分業の方法を考え出しました。すると、氷を押すための棒をどこからか持ってくる子も現れました。共同活動と道具の使用の始まりです。それはまるで、原始の時代に狩猟をしていた人々の姿を想像させてくれるような光景でした。現代を生きる私たちも、人類が歩んできた歴史的段階を体験しながら成長していくのでしょうか？

(4) 人類の歴史を思い描いて

私たちが行なっていることは、人類が長い歴史の中で身につけたことを受け継いでいます。私たち

図１　人類史想像年表

●**本書に出てくる個々の「関係性のできごと」は、いつごろ生み出されたのでしょうか？**

〈関係性のできごと〉　**タテ・ヨコ・ナナメ・ことば・お金・組織…**

〈年代〉	〈おもな人類のできごと〉	〈おもな関係性のできごと〉
600万年前	アウストラロピテクス	直立二足歩行
200万年前		石器
50万年前	北京原人	火
20万年前	ネアンデルタール人	埋葬
５万年前	クロマニョン人	
２万年前		洞窟壁画
１万年前	農業（日本　縄文時代）	土器
B.C.3000年	古代文明	文字
B.C.400年	ギリシャ文明	
A.D.1800年	産業革命・市民革命	
A.D.2000年	情報革命 エネルギー革命	テレビ・ケータイ・各種メディア ロボット・遺伝子技術

の日常の人間活動の営みを考えていくには、人間の一生とともに、人類の歴史にも想いをはせる態度が必要です。簡単な年表をつくってみました（図1）。本論を読みながら、個々の「関係性のできごと」はいつごろ生み出されたのか、みなさんもいっしょに想像して書き込んでみてください。

前置きは、これくらいにしましょう。

さあ、私がみなさんに贈る**人間活動論**、よりよく生きるための「キュービズムな方法序説」、そして関係性の世界へ、ようこそ！

（本文中には、たくさんの図が示されています。これは、本文の内容を私がイメージして描いてみたものです。みなさんも自分なりの図を描いてみると、みなさんの考えづくりの一助になると思います。また、本文中の六九の太字の文字は私の造語です。「子ども心」でことば遊びのようにしてつくったものです。）

第一章 「私とモノ」の関係

この章では、この世界を構成しているさまざまな「モノ」たちと、私たちはどのように関わっているかについて考えます。ここで言う「モノ」とは、物質全般を指すだけでなく、言語や文字など人間の文化的創造物も含む意味で用います。

まず、「1　現代のモノづくり・野生のモノづくり」の節では、現代社会のモノづくりの特徴から「人」と「モノ」との本来的な関係性について考えてみます。「2　身体のメディア」では、今日の情報化社会を成立させている「モノ」の一つ、メディアの意味について考えます。この二つの節を通して、私たちが日々活用している特徴的な「モノ」について確かめます。「3　モノづくる原理」では、そもそも私たちは「モノ」をどのような過程でつくっているのか、そしてどのようにそれを使っているのか、その基本原理を考えます。次に、「4　モノと動作の図鑑」では、日常生活での何気ない動作によって私たちがいかに「モノ」と多様に関わっているのかをふり返ります。「5　多面的付加体」では、自然の豊かさが与えてくれる「モノ」の意味も考えながら、私たちが「モノ」から見出すことのできる可能性を述べます。これに対して、「6　人工物」では、人間がつくったもの（人工物）には、物質としての「モノ」と言語や文字など文化的創造物としての「モノ」（記号）があり、両者の存在が人間に与える性質の違いについて整理してみます。最後に、「7　万物の根源」では、この世界を構成している物質としての「モノ」と私たちが生み出した言語・文字とを結ぶ作業を試みます。

それでは、「私」とそのまわりを常に囲んでいる「モノ」との関係性について多面的に考えながら本論を進めていきます。

1 現代のモノづくり・野生のモノづくり

はじめに、毎日の私たちの生活をちょっとふり返ってみます。

家の中やスーパーや街の中には、なんとまあたくさんのモノがあふれていることでしょう。

街を歩けば、電信柱の止めネジ一本にしても、何階建ての建物にしても、地下を流れる上下水道にしても、みな、私たち人間がつくったものだと気づき直すと、人間がモノをつくり出して

写真１　自動車がつくられることについて記されている小学５年生の社会科の教科書（『新しい社会5上』東京書籍、2008年）

いく力にあらためて感心します。一体、こんなにたくさんのモノたちと、私たちはどのように関わって暮らしているのでしょうか？　ここから考えていきたいと思います。

小学五年生の社会科の教科書には、クルマなどの工業製品のつくられ方が紹介されています（写真１）。それを思い出しながら身のまわりのモノをよく見てみると、こうした製品がじつにたくさんの部品によって組み立てられていることがわかります（実際に、使わなくなったパソコンなどを分解してみれば、なお実感できるでしょう）。

部品の一つひとつは、一つの製品としてどこかの部品工場でつくられています。そして、それらの製品もたくさんの部品によって組み立てられていて、それらの部品もまた、さらにどこかの工場で製品としてつくられていると考えることができます（次頁図１）。そして、それをどこまでもたどれば、私たちが使っているモノは、すべて地球上のどこかの資源と多くの人の手によってつくられていることが想像されます。

これら製品としてのモノは、現代社会では私たちに製品を使っては買い替えることを促しつつ、次々につくられている状態

図1　現代社会の生産のしくみ

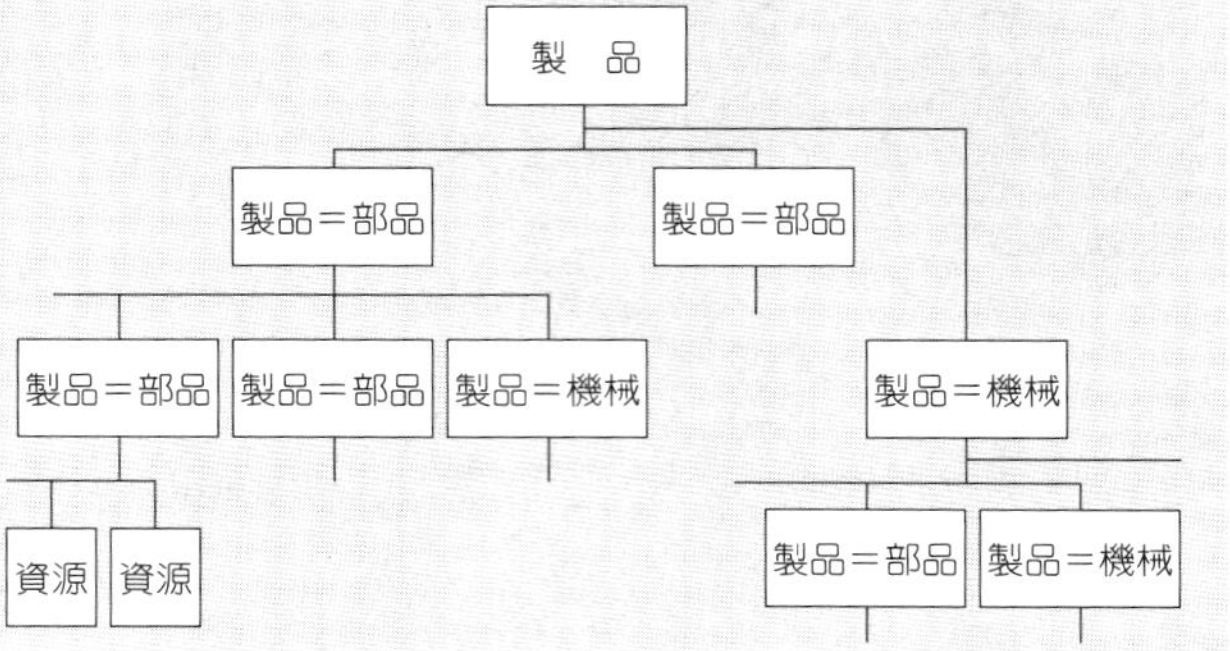

をイメージさせます。大量生産―大量消費―大量廃棄・再生を繰り返すモノづくりの姿です。通常、こうしたモノづくりは会社のような組織体で行なわれています。そして、私たちの多くは、その組織の一員、会社員・労働者として働いて給料を得て、そのお金で多くの製品を買って生活しています。これが私たちの暮らし方の一つの側面であると言えるでしょう。

ところで、一人でモノをつくる場合には、モノと直接向かい合い、モノが変容しながら完成していくまでの過程を味わい楽しむことができます。しかし、組織的に行なわれるモノづくりでは、その組織が大きくなればなるほど、モノがつくられていく全体を体感することはなかなかありません。生産現場は分業化されているので、自分の担当の仕事だけになります。また、モノづくりの会社に入ったとしても、経理や営業などの部署に配属された人は、モノの生産自体に関わることはありません（モノの生産にたずさわるのは、技術職の仕事になります）。全体的にみれば、組織の仕事では、モノと向かい合うよりも、会議や打ち合わせなど、人と向かい合っている方の時間が多い場合もあるかもしれません。

近年、モノづくりの現場でも、非正規社員による派遣労働＝ハケン（一般に「ハケン」と言われているので、このように表記します）が増えており、今ではその是非が社会的にも議論になっています。コンビニなどに無料で置かれている求人募集の雑誌をみると、モノづくりの会社ではなんと多くのハケン労働を受け入れているかがわかります。ハケンを活用するモノづくりの会社では、モノの注文が多くなれば働く人を増やし、モノの注文が少なくなれば働く人を減らします。これは、会社本体の安定を第一とした働かせ方であって、モノづくりに働く喜びを見つけたいと思う人の働き方を支えるやり方ではありません。

ハケンの仕事内容は、一つの場面を反復する部分労働が主です。しかも、すべて指示されたことをするだけの労働です。モノづくりをする時に感じるつくりがいや働きがいは、会社のような組織の場合にはチームとして多くの人と協力しながら製品をつくり上げたりその製品が多くの人に利用されたりすることによって生まれるのでしょうが、ハケンの働き方では、そうした連帯感や充実感を味わうことがなかなかできません。人やモノと共感的な関係をつくることができないこのような部分労働は、人に対してもモノに対しても愛着がわかない何とも悲しい

図2　一人でつくるモノづくり・組織でつくるモノづくり・部分労働の感覚

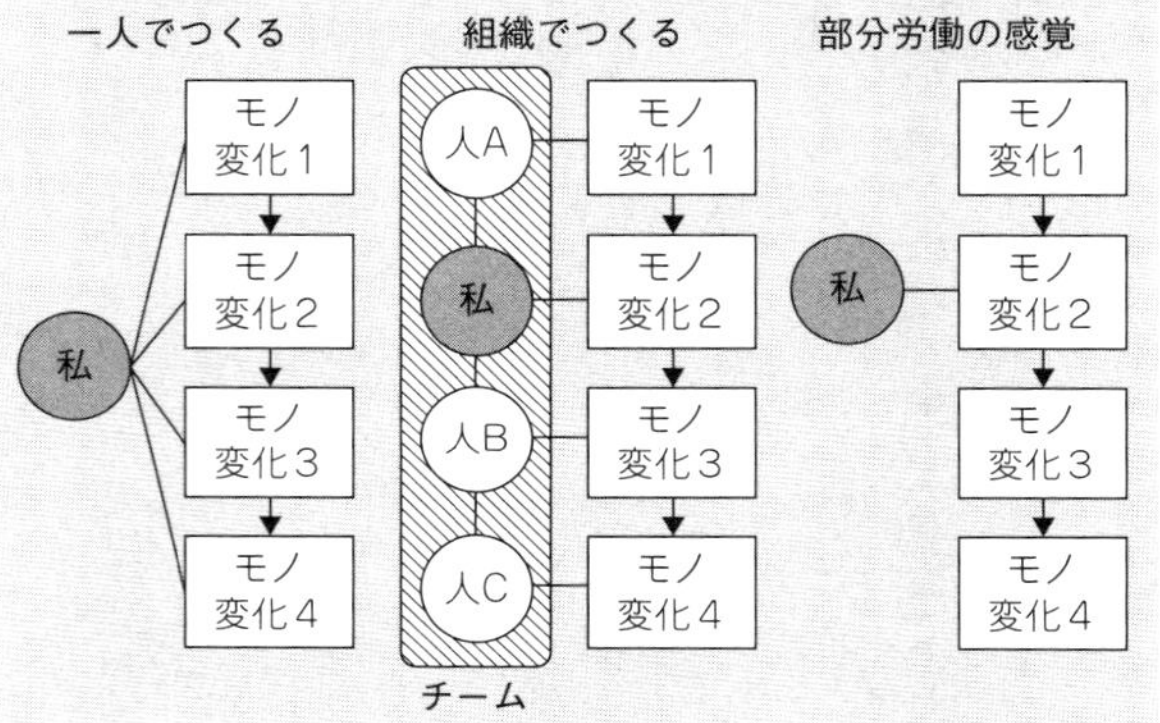

活動のように思えます（図2）。一人ひとりの働きがいや生きがいを大切にしたモノづくりを、社会全体で考えていく道はあるでしょうか。「モノ」と「人」との関係性を見直してみたいと思います。

「一人でモノをつくる」と先に言いましたが、厳密には、一人で資源をとり出し、道具も自分でつくるところから始めるということはまずないでしょう。一般には、原料はどこからか仕入れ、道具もどこからか購入します。つくったモノは使われて、いつかごみになります。ごみとして廃棄されたモノは分解されて、再び新たなモノづくりの資源になります。

モノの大きな循環からみると、どのようなモノづくりも、どの場面かのある部分の活動になります。このような循環図からすれば、完全な生産者や完全な消費者と呼べる人は存在せず、私たちはどの場面においても、生産しつつ消費し、また、消費しつつ生産する、といった「生産─消費」が混在した活動を営んでいると言えます。

大量に生産した製品を商品として売らなければならない現代のモノづくりでは、モノのイメージは企業がつくることになります。私たちがお金を払って手にする商品には、どこのだれがどのようにしてつくったのかとは関係なく、その商品に込めた企業のイメージがパッケージ化されています。食卓にのった食品をあらためて手にとってみればわかります。食品を味わいながら、おいしそうに描かれたパッケージの裏面を見ると、成分として表示された着色料や香料の役割は、その食品の「イメージづくりの原料」であることに気づくでしょう。

このように見ると、現代社会の私たちは、断片的なモノづくりの労働を通じて賃金を得て、企業がつくり出したイメージによる商品を買って（使って）生活しているとも言えます。こうした生活は、人間がこの世界を構成しているみずみずしいモノたちと営んできたこれまでの関係性（これまでの「私」と「モノ」との関係性）からは、ずいぶん遠ざかっているように私には思えます。

人間は頭の中でイメージを高度に思い描いて操ることができます。しかし、裏を返せば、それはイメージに操られるという弱さになります。「私」がつくるイメージよりも、企業や社会がつくるイメージの影響が大きければ、簡単にそれに左右されてしまうことになります（流行などはそのような現象でしょう)。

私たちは、この世界のモノたちと生《なま》に関わる体験を取り戻し、「私」と「モノ」との関係を修復していく必要があるのではないでしょうか。たとえばそれは、大人になっても、何か自分が関心を持つ素材で、自分のイメージを形づくるような活動に取り組んでみることでもあります。

私が共感したのは、二〇世紀フランスの文化人類学者レヴィ＝ストロースが示した「野生の思考」という考え方です。これは、ヨーロッパ人によって「未開民族」とみなされていた人々の生活の観察を通して見出されたもので、「ありあわせのモノ」で何かをつくるという人間本来が持つ思考のことです。「野生の思考」というこの考え方は、製品を売ってお金を得るために際限なくモノを生産して消費させる現代のモノづくりの在り方に、反省的視点を投げかけてくれるように思います。

料理でも趣味でも仕事でも、新しさばかりを求めるのではなく、自分のイメージで「ありあわせのモノ」を再構成して何かをつくってみることは、身近にあるモノと自分との間に存在するはずの豊かな関係性を、あらためて見つめ直すきっかけになります。私が中学教師として初めて赴任した学校(山形県山辺町山辺中学校)で「編み物クラブ」をつくってみたのも、この気持ちからでした。生徒たちの親が働いているニット工場（地元の地場産業）から、製造のたびに少しずつ出る残糸をゆずってもらい、それを集めて生徒たちと創作活動を試みてみたのです。身近な素材から生まれるそのような活動が、日常生活を楽しくする地元の文化的基盤になるかもしれないと考えたわけです。

現在私は、各地域に足を運び次のような提案を行なっているところです。全国各地の公民館に地元の「残り物」を集めるコーナーを設けて、住民がそれを自由に活用して地域固有の文化活動を創造してみたり、そこからあらためて地元のよさを再発見して地域固有にあったモノづくりを自分たちの活動に生かしてみてはいかがでしょうか、と。「ありあわせのモノ」を活用して「野生の思考」を生き生きと働かせられるような身近な環境づくりは、私たちに**野生のモノづくり**を思い起こさせ、現代のモノづくりのありようを何か新しい方向に変えていくのではないかと想像しています。

学校であれ、職場であれ、地域であれ、今はまだ限られた時間や場所でしかできないことでも、自分ができることを見つけ出し、モノとの関わりを深めていくならば、きっと自分の人生にとって大切な知恵を、そして技を、身につけることができるのではないでしょうか。私は、このような活動を**ボランチャー**と呼んでいます。これは、ボランティア（自発的に行なう）とベンチャー（企てる）を合わせた造語で、両者には「何かしてみる」という共通の意味合いがあることから思いついたことばです。

「**ボランチャー**活動?!」と何もむずかしく考える必要はありません。私たちが子どもの頃、「ありあわせのモノ」で「何かしてみる」ことに夢中になった思い出をふり返ってみればいいのです。私は、雨あがりの水たまりで「川」と「ダム」をつくるのに夢中になったことを思い出しました。大人社会の制約もルールもないこのような自由な遊びには、結果として、将来行なうさまざまな活動の基礎になるたくさんの滋養物（創意工夫の精神や共同性を大事にする気持ち、そして何より物事を楽しむ心、などなど）が含まれていたように思います。もっとも、それを目的として遊んでいたわけではないからこそ、遊びに夢中になって滋養物をふくらませることができたのだと思いますが。

みなさんには、どんな思い出がありますか?

❷ 身体のメディア

現代は、高度情報化社会とも言われています。それは、直接対面での人と人のやりとりではなく、情報を受信発信するさまざまな機器や通信網を介して、人々がつながっている生活のありさまを指しています。

現代の私たちの生活の中で、人と人とのやりとりを媒介するモノとして最も普及しているのはケータイでしょう。電車の中でも、街を歩いていても、寸暇を惜しむようにポケットやバッグからケータイを取り出し、指で操作しながらその小さな画面に見入っている姿は、今やごく日常的な光景になっています。情報の伝達を数値化して行なうこと、これを「デジタル digital」と言います。このことばのラテン語の語源は「指」ですが、ケータイを指で操作する現代人の姿は、まさに「デジタル人間」（**デジタリアン**）と表現できそうな感じです。

今では普通名詞になっている「ケータイ」が私たちの日常生活に姿を現したのは、インターネットによるIT（情報技術）革命が起きた一九九〇年代です。ついこのあいだのできごとですが、このケータイは、ラジオやテレビやパソコンなど、それまでのどのメディア（媒介物）よりも極めて短期間に普及したそうです。普及当初のケータイは、固定電話が持ち運び可能になったという意味で「ケータイでんわ」（携帯電話）と呼ばれました。

電話は、手紙のように紙に書いたメッセージを人から人へ伝達するのではなく、電波によって即時に話しことばによる遠隔対話を可能にしたことで、人間のコミュニケーション活動の幅を大きく広げました。さらに、その電話を携帯することで、私たちは「いつでも・どこでも」遠くの人と居ながらにして会話することができるようになったのです。

ケータイ電話によるコミュニケーションの原理は、（若い世代の人たちにはなじみが薄いかもしれませんが）固定電話がめずらしかった時代に子どもたちの間で流行《はや》った糸電話遊びが当てはまるように思います。私も、空き缶でつくった「電話」を耳にあてたら、相手の声が聞こえて感動した記憶があります。

二〇〇二年に上梓した『駄菓子屋楽校』で、私は、ケータイ電話や電子メールの普及によって生じている人間関係の変化を「**隣人類**から**遠人類**へ」と表現しました。**隣人類**とは直接対面の人間関係を大切にするタイプの人、**遠人類**は情報通信機器を活用して間接対面の人間関係を大切にするタイプの人です。私はその本で、これからはこの二類型の人間像が個人の内に同居しながら、新たな関係世界をつくり出していく「両生類的な生き方」（**両生人間**）が現れてくるだろうと考えましたが、現代社会の人々の様子をみていると、すでにそういった関係世界ができ上がりつつあるように感じられます。

ケータイは現在も加速度的に進化しています。今のケータイはとうに電話の持つ機能を超えて、文字を打つメール（即時の手紙）、写真（カメラ）、映像番組（テレビ）、音楽（ステレ

資料1　縄文人のケータイと現代人のケータイの実測図

「石匙《いしざし》」（縄文人） 原寸1/2

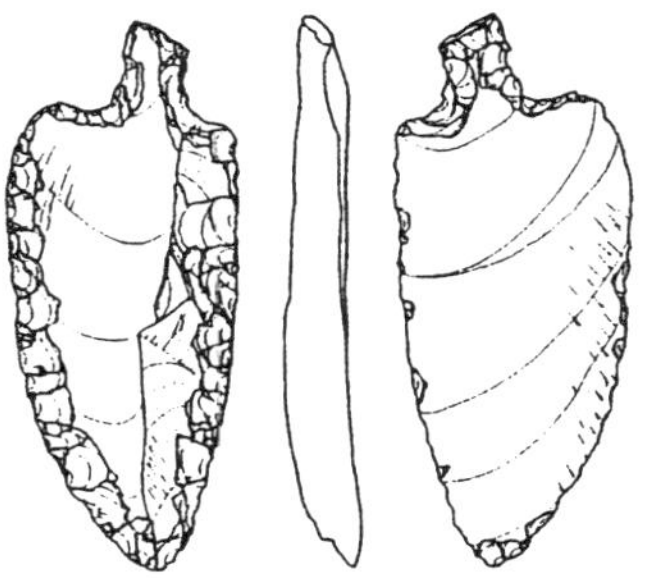

「宮の前遺跡第3次発掘調査報告書」（山形県埋蔵文化財センター調査報告書第65集、1999年）

「電話」（現代人） 原寸1/3

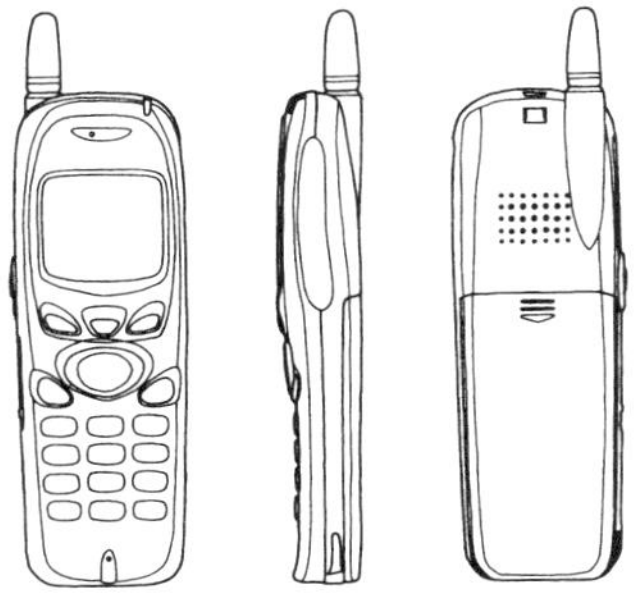

作画：黒坂広美、2002年

オ・楽器）、情報検索（パソコン）、計算（電卓）、ゲーム（ゲーム機）、小説（本）、電子マネー（財布）、ネットショップ（店）など、じつにたくさんの機能を持った複合メディアになっています。そのような姿は、そもそもケータイは電話が発想の主役ではなく、モノを「携帯」することが原点だったということを実感させてくれます。

私たち人類は、石器時代から「道具」を携帯してきました（**資料1**）。ケータイは、これからどんなふうに進化していくのでしょうか？　考える手がかりとして、ケータイ電話やインターネットがまだ社会に出る以前の、一九六〇年代に書かれたカナダのメディア研究者マーシャル・マクルーハンによる『メディア論―人間の拡張の諸相』を読んでみました。

ちなみに、「メディア media」という英語は medium

の複数形です。mediumということばには、「中ほど、中間物、媒介物、手段、生息場所、生活環境」などさまざまな意味があります。

この本は、「メディアはメッセージ」という題の総論から始まっています。その意味は、メディアにはその内容が発信するメッセージだけでなく、メディアそれ自体の中にも人々の生活観を変化させる何らかのメッセージが埋め込まれているということのようです。各論では、ことば、電話、映画、ラジオ、テレビ、数、衣服、貨幣、時計、漫画、自動車、ゲーム、兵器など、人間文化に関わるあらゆるモノがメディアとして論じられ、最後に、エレクトロニクス技術による新たなメディアの台頭とコンピュータによるオートメーション化が、これからの人々に「新たな生き方の学習」を促すだろうと述べ、明るい未来を展望しています。

では、マクルーハンが予想した「明るい未来」は現実になっているでしょうか。現在を見てみるとどうでしょう？　彼の言う「新たな生き方の学習」が、パソコンの操作を学習するような情報リテラシー（リテラシーとは平たく言えば「使いこなす力」）を指すのでしたら、予想は実現しているようにも見えます。しかし、それで「明るい未来」が保証されるということにはならないでしょう。それとも、彼は、そのような情報リテラシー社会を明るいものにするためにこそ、もう一つの「新たな生き方の学習」が必要だと考えたのでしょうか？

マクルーハンのとらえ方によれば、メディアは人間の身体活動を拡張するものです。たしかに、私たちの生活を見渡してみれば、ほとんどすべてのメディアがそうだと納得できるように思われます（図3）。私たちは、自分の身体活動を拡張させるために、あらゆるメディアを日進月歩に改良しています。私たちの「足」になっている靴やクルマも年々進化していますし、水泳の高速水着のように身体と一体化した高度な機能を持つ衣服も開発されています。

図3　身体活動を拡張するメディア

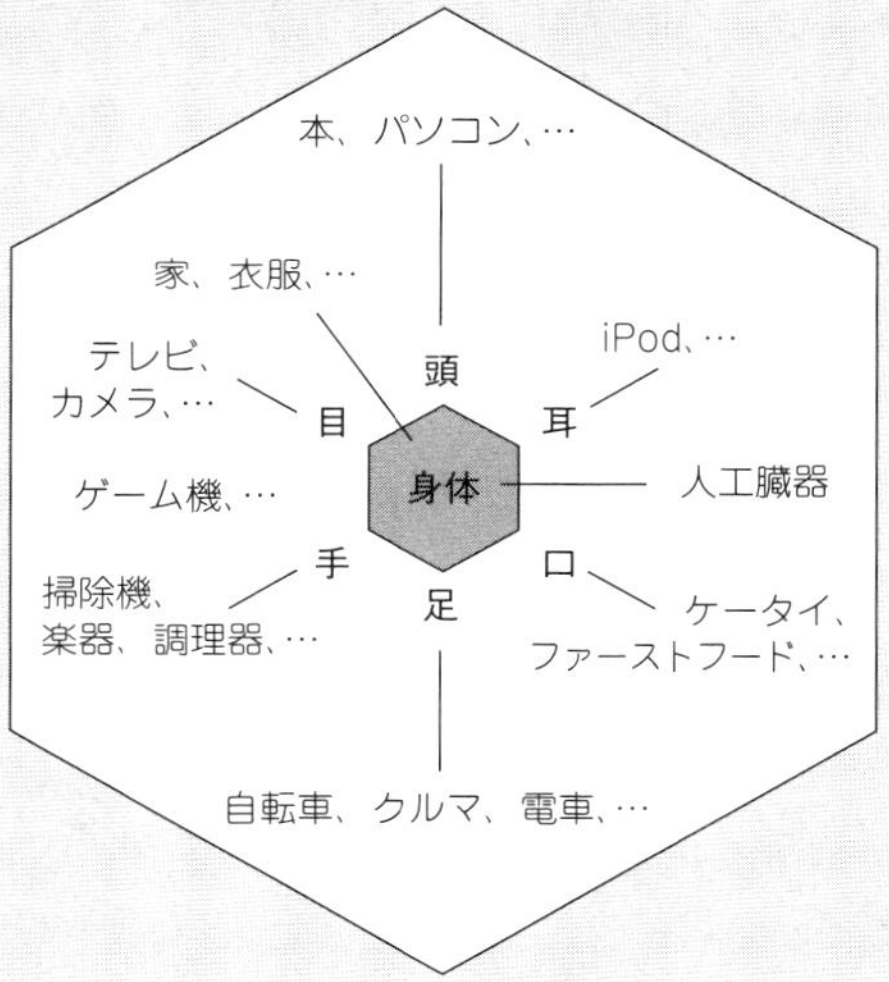

ナイキやアップル、マクドナルド、任天堂といった企業は、「足」「耳」「口」「目―手」という私たちの身体性をそれぞれの特色で拡張してくれる製品を開発し、多くの人たちがそれらを使うことで世界的企業になっています。すべての経済活動の原動力は、それらのモノを通して私たちの身体性を拡張させようとする点にあると集約できるかもしれません。しかし、それが本当に「明るい未来」につながり、私たち自身を生き生きさせてくれるの

かについては、ちょっと立ちどまって考えてみる必要がありそうです。

マクルーハンは、『メディア論』の次に『メディアはマッサージである』という奇妙な題名を持つ著作を書いています。電車の中でうつろな目でケータイを眺めている現代人の姿を見ると、ケータイがまるでマッサージ機の役割をして心身をほぐしてくれる道具になっているような印象も受けますが、そうだとすればこの題名もなかなか言い得て妙です。現代人のケータイは、もはや「石器」というより、銀河系のようなネット空間が奥深く広がる「洞窟」の入り口になっているのかもしれません。

また、電車に乗っていると、耳にイヤホーンをつけている人をよく見かけます。その人たちはそこでどんな感覚世界を生きているのでしょうか。もし、イヤホーンをつけていなければ、私たちは、電車の窓から見える風景と、全身で感じる電車の揺れと、電車の音が、因果関係の中で一体となった感覚世界を生きています。しかし、イヤホーンで音楽を聴いているとすれば、映画のシーンの中に自分が入ってしまったような感じで、車窓の風景を見、車内の揺れを感じながら、その現実の因果とは異なる音を新たに融合させて、自分だけの感覚世界を生きていることになります（その人にとっては、それが現実世界になっているとみることもできます）。

これからは、さらなる情報通信技術と経済のグローバル化によって、ますます人とモノとメディアの境界は融合していくことでしょう。また、マクルーハンが予想できなかったような、人工臓器や人工知能やロボットといった新たなモノが限りなく人に近づき、人と一体化したメディアとして次々生み出されようともしています。しかし、それは、いいことばかりではないと思います。「私」の身体性を拡張させる経済成長は、等身大の生身の「私」を見失わせる危険性もあります。自分が望む機能を持った完成品さえ手にすれば、鬼に金棒という気持ちになるかもしれませんが、モノが消耗品として使われて、役立たなくなるとただ棄てられてしまうのであれば、人もそのように扱われることだってないとは言えません。そんなふうになれば、人間社会は、巨大になった利己と利己がいたるところでぶつかり合うような事態さえ招きかねないでしょう。

メディアの発達は、情報通信技術の機械本体をハードとみなして、それを動かしたり活用したりする知識や情報やサービスをソフトとする二分法を促進させています。両者は、パソコンにみられるように、ソフトを開発することによってハードが普及し、ハードが普及することによってソフトがさらに開発されていくという蜜月関係の中で発達しています。それによって、「私」の身体（ハード）だけでなく、それを動かしている脳（ソフト）を代行するような企業も数多く現れています。このことは、「私」の身体がメディアに装着されればされるほど、

「私」の脳もメディアに依存してしまうような状態に近づいていくことを意味します。簡単に言えば、自分で感じて、自分で考えて、自分で試みることをしなくなる、ということです。ちょっと怖い話になりましたが、私たちはそのような「メディア依存症」にならないためにも、メディア（媒介物）の活用に頼り過ぎることには気をつけながら、自分の身体と脳に新鮮な息を吹き込んで生き生きさせるような、「私とモノ」の関係づくりを心がけなければならないように思います。

❸ モノづくる原理

私は最近、「私とモノ」の関わりをあらためて実感する体験をしました。東京の大学に再就職することになったため、この歳になって初めて、最初の半年だけ一人暮らしをした時のことです。

朝、服を着替えます。服は洗濯機で洗いハンガーに干します。歯ブラシで歯を磨きます。必要な水は水道の蛇口をひねり、コップに注ぎます。料理をつくるとなれば、食材や調理具や食器などいろいろなモノを用意しなければなりません。生活すべてがモノとの関わりです。引越しの荷造り、荷下ろしの時には、必要最低限のモノだけにしたつもりなのに、その種類の多さにあらためて驚きました。

妻や娘と自宅に住んでいる時や、職場にいる時には、モノに着目する気持ちより、人と関わることの方に意識が置かれていたようにも思います。しかし、一人でアパートの部屋に入ったとたん、たくさんのモノとの関わりが目の前に現れてきたのです（当たり前じゃないのと言われるかもしれませんが、私が教えている大学生の中にも、私と同じように一人暮らしを始めた人たちは同じような感想を語りました）。この一人暮らし体験の中で、一体私はこんなに多種多様なモノたちとどのように関わっているのかと考え直してみました（**写真2**）。

写真2　一人暮らしで筆者が感じたモノへの着目（2008年）

はじめに考えついたのは、私は、全身を用いてモノと関わっているということです。料理をつくるには手が必要ですが、包丁を持つ手は目で見ながら動かしますし、耳で鍋が煮える音を聞き、鼻で匂いを感じとり、口に入れて味見をしながら料理はでき上がっていきます（そこに第六感が働くこともありますが）。

そんなことを考えながら一人暮らしの生活を確かめていくと、私はただ頭や全身で考えたり感じたりしているだけでなく、手・足・

図４　「生身の身体感覚」を象徴的に図化する試み

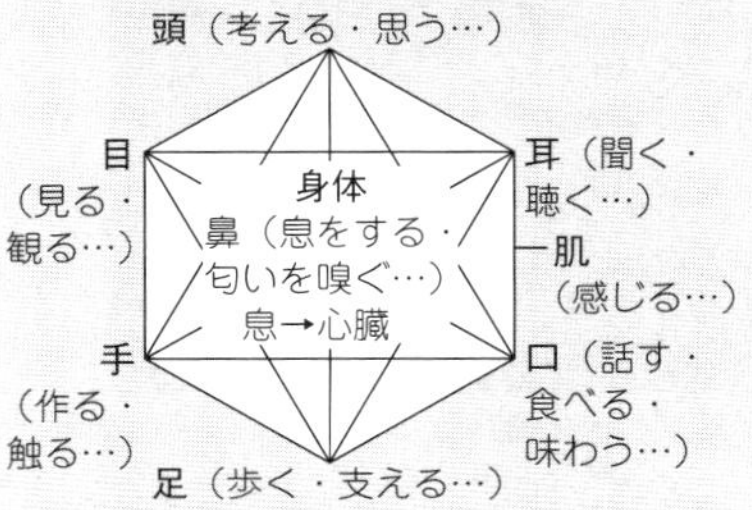

＊自分の「自」の漢字は「鼻」に由来する。鼻から心臓に入る「息」によって、「生き」る。
＊「心」は、現在は「頭」（脳）で思うことがわかっているが、古代から、思うことや感情も、生きる中枢として心臓が担っていると感じられてきた。

目・耳・口・鼻・肌といった自分の身体感覚の機能をたくみに連動させてモノと関わっていることがあらためて見えてきたのです（たとえどれかが欠けても、それらが補い合えるような姿も想像しながら…）。それは、さまざまなメディア（媒介物）の装着をいったん取り去って、生身の身体活動というものを再確認したような体験でした。それを図に表わしてみたのが図４です（自分の身体感覚を図化してみることは、人間活動を考える際の出発点になる作業だと思います。私はこれまでいろいろな表現図で試みてみました）。では、料理と同じように、「私が何かをつくる」とはどのような原理を持っているのでしょうか？　さらに考え続けていきました。

「素材」としてのモノは、そこにあります。モノをつくるということは、「私」がモノの素材に出会い、それに手をかけて、その素材を変容させていく行為です。素材を変容させるには、「身体感覚」と「道具」と「技術」が必要になります。

山形大学附属中学校の教師をしていた時、社会科歴史分野の教材研究で石器について調べたことがあります。原始の時代、ヒトは石を手に持って別の石にぶつけ、割れた石を加工して石器という制作物をつくりました。この場合は、割られた石が「素材」で、台になった石が「道具」、ぶつけて割る動作が「技術」になります。そして石器づくり全体をつかさどるのが「身体感覚」となります。言うのは簡単ですが、実際にやってみると、力の入れ方、ぶつける角度、ぶつかる位置によって、割れ方が微妙に異なる高度な活動であることがわかります。

道具選びや技術とともに、素材選びも重要です。当時の人々は、現代の包丁に相当する石器をつくるにはガラスのように鋭く割れる石（黒曜石、サヌカイト、頁《けつ》岩など）を遠方から求めていたようです。つくられた石器は、実際に肉を切ることができなければその役割は果たせませんが、原始の人々も、素材を選ぶ段階から使用する時の姿をイメージしてモノをつくっていたのでしょう。

このように、人間がモノをつくる営みを原始の時代から想像してみると、**モノづくる**原理は「身体感覚としてのイメージ＋素材＋道具＋技術＝創作

図5　モノづくる原理

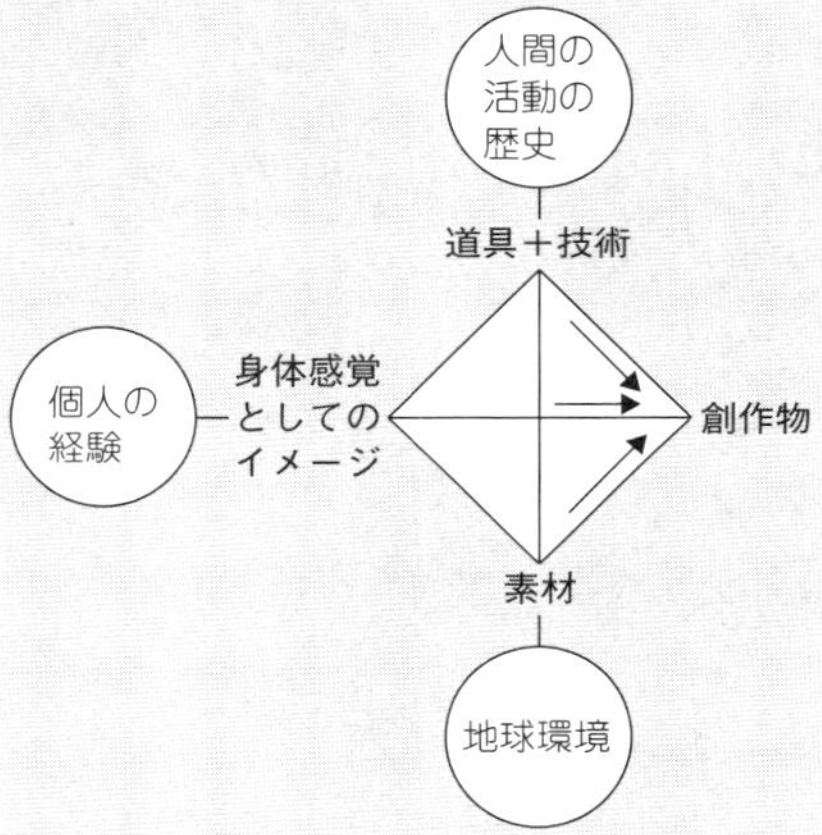

（写真3～5…指導者：鈴木英明さん「風林堂」山形県長井市、電話0238-88-2373、東北芸術工科大学「こども芸術教育活動論」2007年）

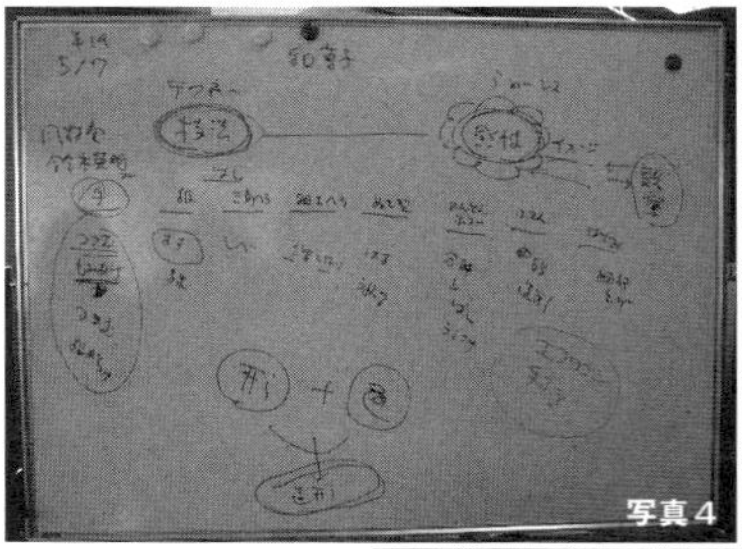

写真３　和菓子職人の実演／**写真４**　和菓子づくりの技法の板書／**写真５**　受講生の和菓子制作

物」という図式で表わせるのではないかと考えつきました（図５）。

この図式のそれぞれの要素には、それを成立させている基盤となる背景があります。「イメージ」は、その人がそれまで経験してきたことから生まれ出ます。「素材」は、この地球環境の中からとり出されます。「道具」＋「技術」は、これまで人間が開発してきた財産から受け継がれます。私は東北芸術工科大学の授業で、この原理を具体的な活動体験から考えるために、和菓子やコーヒーを教材として取り上げました。

和菓子を教材にした授業では、和菓子職人を講師に招いて和菓子づくりの技法を学び、そのあと各人各様のイメージで創作和菓子をつくってみました（写真3～5）。茶の湯の文化とともに生まれてきた和菓子は、四季折々の風物をイメージしながら食材と手わざで色や形に表現した創作物です（表1）。そこには、茶の湯の「わび」の美意識が込められていると言われています。

「わび」とは、形容詞「わびし」、動詞「わぶ」から出たことばで、元来、もの足りない様子や不足の状態を表わすことばです。天下を統一した豊臣秀吉の豪壮で華麗な文化、物質的豊かさを誇示する文化に対して、同時代に生まれた茶の湯の文化は、それらの文化にはない（失われた）様相を具体化した、不足の状態から生まれ出る簡素で閑寂な文化、精神的な充足を心から得ようとする文化であったと言えます。一つひとつの和菓子にも、そのような感情が込められてきたのでしょう。

「イメージ」に相当する漢字は、「想」です。この文字は「相」と「心」からできています。「相」は「木」と「目」でできています。漢字の語源辞典によると、この「木」の原型は柔らかな若芽が出てきた桑を表わしています。そこから「想」は、外界の見える姿を心に投影するという意味を表わす象形文字と

表１　和菓子職人から聞きとりした和菓子づくりの道具＋技術（写真４参照）

道具＋技術		
手	＋	つつむ、もみあげ、つまむ、指あとつけ
板	＋	押す、線をつける
三角へら	＋	しべ
細工へら	＋	線をえがく、彫る
ぬき型	＋	はる、うめる
ふるい	＋	分解する
箸	＋	うえつけ
ふきん	＋	曲線の造形
はさみ	＋	とげ

してつくられたということです。

和菓子職人にうかがうと、雪の下から芽を出す様子を表わしたものや、梅の花を咲かせる柔らかな風（東風《こち》）を表わしたものなど、和菓子は、四季折々の植物、虫の音、山野の風景、風や天気など自然のモノから感じとった想いを形に表わしたものだそうです。そして、それだけでなく、懐妊した時から、誕生日、節句、七五三、還暦、回忌まで、人の一生ともおつき合いをしているということです。モノにあふれた中で暮らす現代の私たちがつくる和菓子は、はたしてどのような感情が込められた創作物になるのでしょうか。和菓子づくりは、現代の私たちに、**モノづくる**原理の基本型をおいしく教えてくれるように思います。

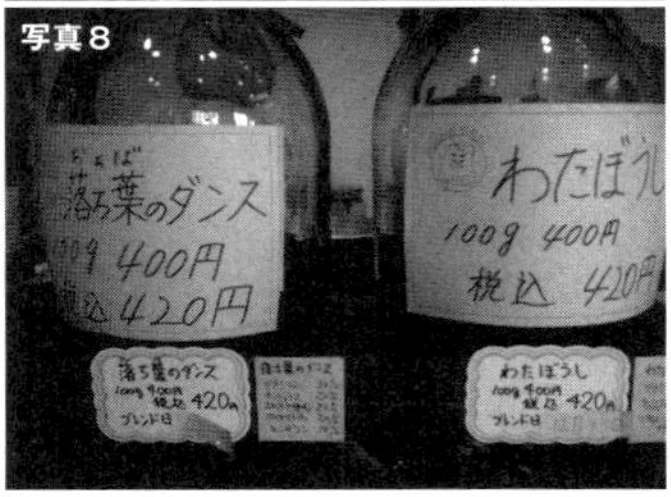

写真6　四季をイメージしてブレンドしたコーヒーの試飲会／**写真7**　コーヒー豆の麻袋を再利用したポンチョを着て「**モノづくる**原理」を板書する筆者／**写真8**　商品販売されている「四季のコーヒー」

＊「四季のコーヒー」…春「春一番」、夏「雲ふわり」「風の香り」、秋「落ち葉のダンス」、冬「わたぼうし」。
（共同開発者：吉田克也さん「豆煎」山形市、電話023-635-1000、東北芸術工科大学「こども芸術教育概論」2008年）

次に、コーヒーを教材にした授業では、コーヒー豆を自家焙煎で販売している店主と共同して、一年かけて順次、モノづくりを試みました（写真6〜8）。まず、学生が春夏秋冬の季節ごとに、その季節をイメージすることばを出していき、それらのことばを集めた紙を店主に渡して、今度は店主がそれらのことばのイメージを、世界各地のコーヒー豆と自身の焙煎技術で季節感のある風味に表わします。こうしてでき上がった季節ごとのブレンドコーヒーを学生が試飲して、再びその風味からイメージされた四季のことばを書き出し、それらの中から店主が一つか二つずつ選んで、それをコーヒーの名前にして販売しているのです（次頁表2）。

この実践は、ことばとモノ（コーヒー豆）を通して、イメージが人と人の間を行ったり来たりしながら生み出されていくような活動になりました。フランスの学校教育では、視覚イメージの活用を学ぶ「イメージ・リテラシー」という授業があるそうですが（その教科書は『イメージ・リテラシー工場』という題で訳されています）、こちらの授業は、匂いを嗅いだり飲んだりしながらイメージを思い描く、嗅覚と味覚（風味）のイメージ・リテラシーと言えます。

さらにこの授業で学生たちは、それら四季のコーヒーをセットにして包む「パッケージデザイン」を構想したり、豆の残りかすで水墨画ならぬコーヒー画を描いてみたり、コーヒー豆が入っていた麻袋を再利用してバッグをつくってみたりと、コーヒーを味わいながらコーヒーに

表2　コーヒー豆焙煎店主がつくった「四季のコーヒー」のブレンド技術

●素材（コーヒー豆）の特徴

コーヒー豆	原産地域	苦味・酸味	風　味
ブラジル	南米	苦味＋酸味	こくがある
ブラジル（濃い焙煎）	南米	苦味	苦味が強い
コロンビア	中南米	酸味	やわらかな酸味
コロンビア（濃い焙煎）	中南米	苦味	こくがある
ホンジェラス	中米	苦味＋酸味	軽い苦味
モカ	アフリカ	酸味	甘い香り
マンデリン	東南アジア	苦味＋酸味	こくがある
ジャワロブスタ	東南アジア	苦味	濃い苦味

●ブレンドの割合（%）

	四　季	春	夏		秋	冬
	名　称	春一番	雲ふわり	風の香り	落ち葉のダンス	わたぼうし
豆の種類	ブラジル	40	30	30	30	50
	ブラジル（濃い焙煎）	20			20	20
	コロンビア		20	20		
	コロンビア（濃い焙煎）	30		10	20	
	ホンジェラス		40	40	20	30
	モカ	10				
	マンデリン				10	
	ジャワロブスタ		10			

まつわるさまざまな**モノづくる**試みを広げていきました。

ところで、私たち大人が行なっているモノづくりは、大きく分けると、芸術作品のようなモノづくりと、商品としてのモノづくりに分かれます。前者のモノづくりは、自分が思い描いたイメージを純粋に具現化しようとする試みです。美術鑑賞や音楽鑑賞は、そうしたつくり手たちのプロセスを逆方向に想像していく活動だと言えます。

これに対して、商品としてのモノづくりは、常に製品の先に利用者がいて、利用者が求める製品をつくり出していく活動になります。こちらのモノづくりのプロセスを私たちはデザインと呼んでいます。そして、私たちは、箸の使い方、食事のし方、お茶やコーヒーの入れ方、鉛筆の持ち方、服の着方など、つくられた製品としてのモノを社会集団の共通の様式で使いこなす、**モノづかう**作法を身につけることによって日々の生活を営んでいるのです（図6）。

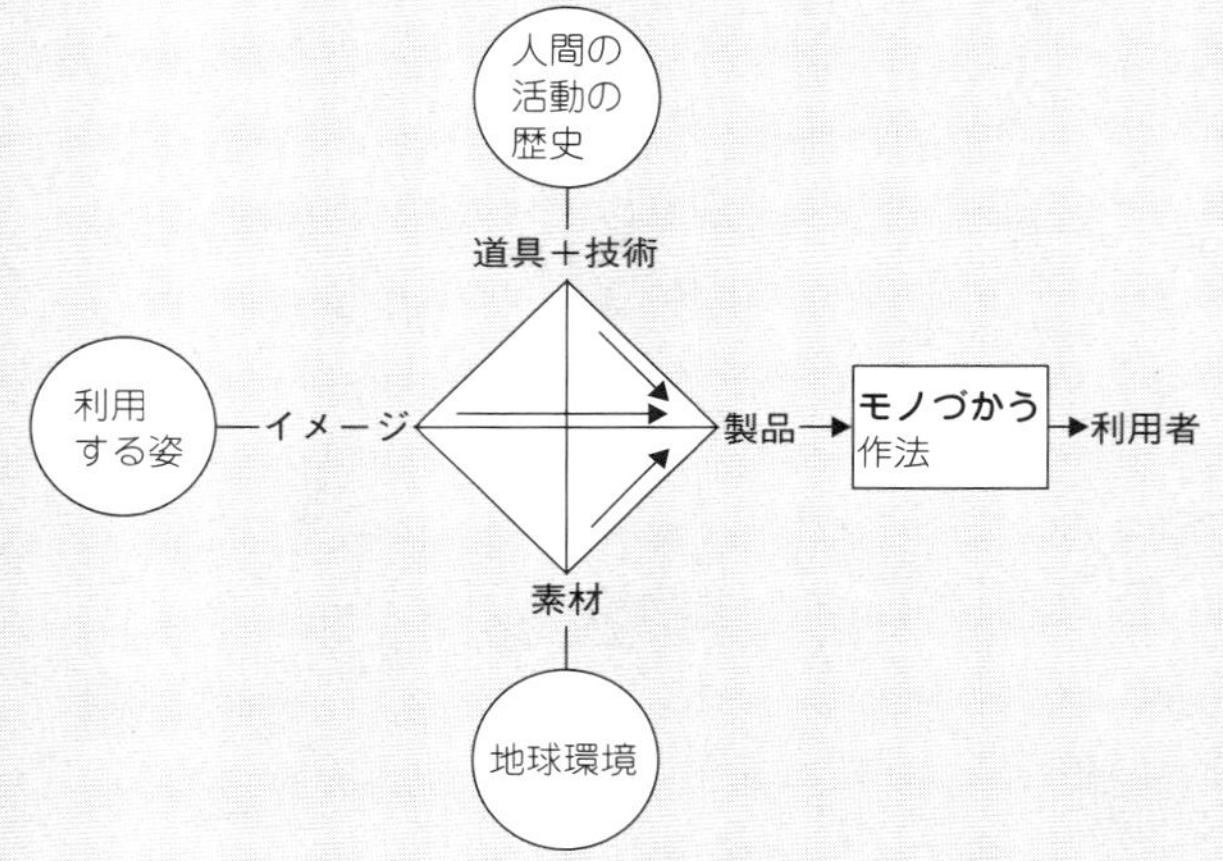

図6　製品づくりの原理

大人社会の専門的職業人をまじえた、このような**モノづくる**原理を考える授業と並行して、私は同大学のキャンパス内にあるこども芸術大学で、幼児の活動にみられるモノづくりとモノづかいも観察しました（二一一頁参照）。すると、私たちが子どもの頃に興じたいろいろな遊びは、「イメージ＋素材＋道具＋技術＝創作物」という**モノづくる**活動と、それを自分なりに使いこなして楽しむ**モノづかう**活動が一体となったものではなかったかと気づいたのです。

幼児は大人が行なうような高度な道具を操る技術をまだ身につけてはいません。「モノをつくる」「モノをつかう」という明確な目的行動というより、モノと戯れながらイメージをつくって興じているとみた方がいいようにも見えます。大人が子どものこうした活動を「遊び」としてひとくくりにしているのは、大人の目には、子どもたちが、そこに含まれている意味と活動自体を分離させることなく楽しんでいるように見えるからではないかと思いました。

モノにあふれている私たちの日常生活の風景は、逆に考えれば、私たちの活動がモノづくりとモノづかいによって成り立っていることを物語っています。こうした日常生活の風景は、本来、**モノづくる**ことと**モノづかう**ことが一つにつながった創造性あふれる活動から生み出されてきたと考えられるのではないでしょうか。

4 モノと動作の図鑑

私たちの身のまわりには、じつにいろいろな素材と形を持ったモノがあります。私たちは、それらのモノとさまざまな動作で関わることによって「私とモノ」の関係をつくっています。私たちの生活と、その総体である人生の営みは、モノと動作の限りない組み合わせの連続活動

表3　モノの形状と動作の関係の分類例

	かたい	やわらかい		動　作
点	砂、石、豆、種、ビー玉、ボール、…	ごはん粒、ボール、風船、…		集める、分ける、転がす、投げる、…
線	針金、ピン、ペン、割りばし、…	糸、ひも、うどん、そば、…	→	束ねる、結ぶ、織る、編む、…
面	板、壁、ドア、…	布、紙、ビニル袋、シート、…	←	切る、折る、曲げる、包む、…
立体	ビン、ラップの芯、箱、陶器、家電、…	粘土、もち、わたあめ、…		積む、組み立てる、運ぶ、こねる、…

図7　モノの形状スケッチ

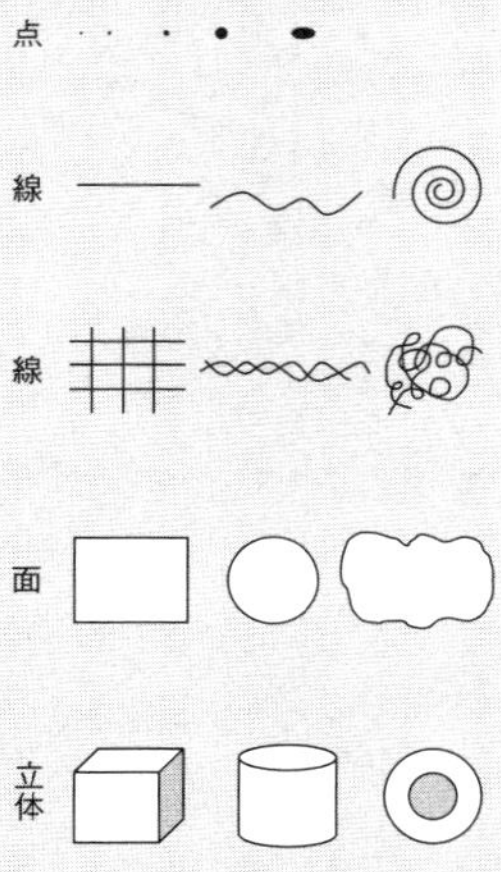

表4　フレーベルの「恩物」

第１恩物	六球	第11恩物	穴あけ
第２恩物	三体	第12恩物	縫う
第３恩物	立法体の積木	第13恩物	描く
第４恩物	直方体の積木	第14恩物	組む・編む・織る
第５恩物	立方体と三角注の積木	第15恩物	紙を折る
第６恩物	立方体と直方体の積木	第16恩物	紙を切る
第７恩物	色板	第17恩物	豆細工
第８恩物	棒	第18恩物	厚紙細工
第９恩物	環	第19恩物	砂遊び
第10恩物	粒	第20恩物	粘土遊び

玉成恩物研究会『フレーベルの恩物であそぼう』（フレーベル館、2000年）参考

であると言うこともできるでしょう。私なりにモノの形状を分類してみたものが図7で、形状と動作との関係を分類してみたのが表3です。こんなふうに各人各様にスケッチしてみれば、それが私たち個々人の「モノの見方」になることでしょう。

　教育史のできごとになりますが、近代社会が始まる一九世紀初め、ドイツのフレーベルは、「キンダーガルテン」（子どもの庭）と名づけた学校入学前の子どもの教育の場をつくり、そこで「恩物《おんぶつ》」（ガーベ）という名の教具（子どもにとっては玩具）を考案しました（表4）。一般に思い浮ぶ幼児の玩具は、立方体を組み合わせた積み木が代表格です。しかし、表4に示したように、二〇種類に分けられたフレーベルの「恩物」全体を見てみると、フレーベルが構想したのは、たんに個別の教具をつくるというより、「私とモノ」の基本的な関係をつくるためのモノを総合的にまとめようとしたものではないかと感じられます。

たとえば、積み木は立方体なので積み上げて遊ぶのが特徴です。大人社会の中でそれが応用されているのは家具や建物などです。私たちの身のまわりを見渡せば、たくさんの立方体的応用を見つけることができます。

一方、それと対照的な形は球体です。球は積み重ねることができません。しかも、いつもコロコロとどこに転がるかわからない不安定な形状です。しかしその特徴ゆえに、私たち人間は球技というもう一つの形状文化をつくり上げてきました。卓球の球、野球のボール、テニスボール、サッカーボール…、何といろいろな球があることでしょう（球技ではありませんがパチンコの玉などもそうですね）。私たちは子どもから大人まで、それぞれの球に応じたルールをつくって球技を楽しんでいます。そして、これらを総合した「球の産業」も、経済的に巨大な規模になっているだろうと想像することができます。

ところで、二〇世紀のフランスの思想家ロジェ・カイヨワは、『遊びと人間』という本で遊びを人間の文化活動としてとらえ、これを四つの性質「偶然」「眩暈《めまい》」「模擬」「競争」に分類してまとめています。その分類に照らして球技のおもしろさを説明してみると、次のように表現することができそうです。

「偶然」にどこに転がるかわからない球という安全な道具を用いることで、行なう者も見ている者も「眩暈《めまい》」を起こすくらいの変化を味わいながら、戦いの臨場感を「模擬」して二つのチームに分かれ得点を競い合う、「競争」に興じるおもしろさ。

みなさんの中にも、学校の部活動や社会のスポーツクラブなどで球技を行なってきた人はたくさんいるでしょう。それによって、友情、チーム意識、努力、判断力などの道徳性を身につけることができたと答える人も多いのではないかと思います。球を用いた活動で身につけたそのような態度は、球技をしている時間だけでなく、ふだんの社会生活にも生かされていると私たちは一般に了解しています。このように、球がたんに子どもの玩具だけでなく、人間だれもが楽しめる文化活動としてのモノであるならば、もっとほかにも、私たち大人が楽しむことのできるモノはたくさんあるのではないでしょうか？

写真９　こんな表現のモノとは、何でしょうか？
（東北芸術工科大学こども芸術大学「**午後の教室**」2008年、電話023-627-2351）

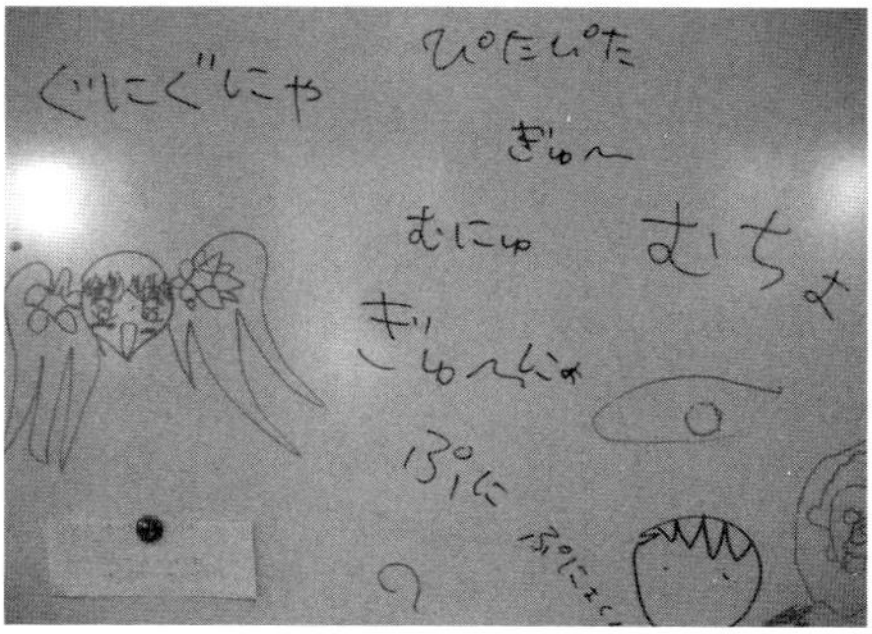

フレーベルがドイツで「恩物」を考案した時代は、産業革命が始まったばかりの時期でしたので、科学技術への認識は現在のように十分ではなかったと思われます。そのため、フレーベルの「恩物」にはモノを変化させる視点はありません。しかし、科学技術の成果の恩恵を受けている二一世紀の私たちが新たな「恩物」をつくるとすれば、モノの変化に興味を抱くような化学的・物理的な要素も追加していいのではないかと思います。たとえば、「溶かす」「混ぜる」「温める」「伸び縮みさせる」「回転させる」「飛ばす」「音を出す」「光と色を感じる」といったことなどです。

ここで一つ、現代の「恩物」に加えてみたいほど私が感心したモノを紹介します。これは、こども芸術大学で行なった「**午後の教室**」と名づけた放課後の創造的な教室でのことで、その「恩物」を考えて実践したのは、こども芸術大学の芸術指導員とこの「教室」指導に授業の演習として参加した大学生です。**写真９**は、その感触をことばで表現して書いてもらったものです。一体、どんなモノだと思いますか？

答えは片栗粉（ジャガイモのでんぷん）を水に溶かしたモノです。それは手のひらで握ると

写真10　手づくり油絵具をつくる実験（東北芸術工科大学「こども芸術教育演習」受講生、2007年）
写真11　手づくり油絵具の共同使用コーナー（東北芸術工科大学こども芸術大学、2007年、油脂提供：ミヨシ油脂株式会社、色素提供：日農化学株式会社）
写真12　幼児とお母さんの手づくり油絵の作品（東北芸術工科大学こども芸術大学「**午後の教室**」2007年）

固くなり、手のひらを開くとドロッとした液体になって流れるモノです。自分の手の中で固体と液体の状態を行ったり来たりするこの物質（科学的には、ダイラタンシー流体と呼ぶそうです）には、子どもだけでなく大学生や私も歓声をあげました。

「驚き」は哲学や科学の始まりと言われますが、それは身近な台所にあるモノの中にもたくさん隠れていそうです。台所で行なうことができれば、家庭で親子が楽しむ活動にも発展します。そんな発想で、「**午後の教室**」では、食卓で使う油を用いて、大学生とお母さんが手づくりで安全安心な油絵具をつくって幼児と「油絵」を描く試みもしました（**写真10・11・12**）。

私たちの活動は、どんなことでも何らかのモノを介して営まれています。文字を媒介にした教育活動では、紙に刷られたモノ（テキスト）だけが教材と了解されてきましたが、私たちの実生活はいろいろなモノと関わって成り立っているのですから、あらゆるモノが学ぶ教材になり得ると考えた方がいいのではないでしょうか。

最近、学校教育では科学教育の重要性が主張されています。科学への関心を深めて学ぶということは、知識や原理を文字と数式だけで覚えるのではなく、まず身のまわりの生きた世界に満ちあふれている科学的なできごとを、自分と世界とのつながりの中で体験的に実感してみる営みではないかと思います。私たちにとって、モノと動作の限りない組み合わせによる連続活動は、遊びの原点であると同時に、生きた世界の中で「私」もまた生きているということを実感する学びの原点でもあるのです。

このように、人間の動作との関わりからモノを再考してみると、人に上下の貴賤がないように、モノにも上下の貴賤がないことに気づきます。それは、石・ハサミ・紙を表わす「グー・チョキ・パー」のジャンケンの関係でたとえてみると、次のように言うことができます。

石（グー）は紙（パー）に包まれてしまいますが、ハサミ（チョキ）を変形させることができます。

ハサミ（チョキ）は石（グー）に歯が立ちませんが、紙（パー）を切ることができます。

紙（パー）はハサミ（チョキ）に切られますが、石（グー）を包み込むことができます。

石とハサミと紙の関係では、すべてに対してどれかが優位に立つというモノはありません。言えることは、次のように、モノは、対するモノとの関係で「道具」になったり「素材」になったりして働きを変えて、相互の関係によって活動が生み出されるということです。

石　（道具）↓　ハサミ（素材）
ハサミ（道具）↓　紙　（素材）
紙　（道具）↓　石　（素材）

5 多面的付加体

モノと向かい合っている職人は、モノに語りかけ、モノが語りかけることばに耳を澄ます、という話を聞いたことがあります。同じように、詩人や芸術家も、自然やモノと向かい合い、それらと対話することで創作物を生み出しているように思えます。ふだん、私たちは、モノを

「それ it」とみなしていますが、職人や詩人や芸術家は、モノを人と向かい合うようにして「あなた you」と見ているのかもしれません。

モノとの対話では、実際にモノが話すということはありません。しかし、向かい合っているモノは、「私」の考えを深めさせてくれる「鏡」のような役割をはたしてくれているのではないでしょうか。そう考えると、自分の体験をふり返って自己を変容させることを自省（リフレクション）と言うように、モノとの対話によって自己を変容させることも自省の活動と言えそうです（図8）。

図8　モノとの対話

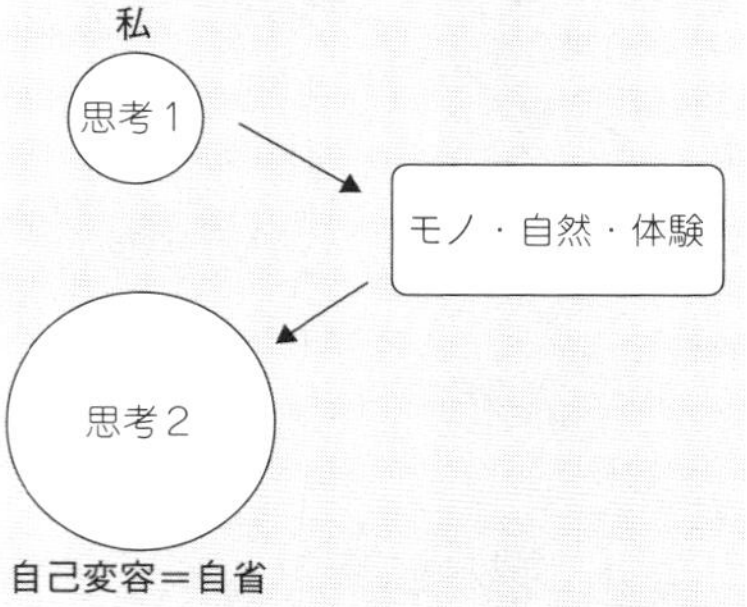

モノとの応答は、植物や動物といった「生きているモノ」（生き物）の世話をしている時にも感じられます。植物や動物から感情を得る行為は、人間がきわめて感受性豊かな、そして想像力の旺盛な生き物であることを物語っています。児童文学作品からはその証拠をたくさん探し出すことができるでしょう。また、大人たちが生き物を擬人化してつくった動物のキャラクターなどもその表われとみなせそうです（大人社会では、それらを商品化して大きなビジネスにもなっています）。

写真13　だんご虫を見つめる幼児たち（東北芸術工科大学こども芸術大学園庭、2006年）

大人だけでなく、子どもも、生き物と対話をします。ただ、子どもの頃に私たちが生き物と対話してきたのは、生き物を自分たち人間に合わせてしまうような人間中心的な関係によってではなく、自分が生き物の世界の中に溶け込んでいくような関係によってではなかったのかと、ふと思いました。

こども芸術大学で、こんな場面に出くわしたことがあります。三歳の幼児たちがしゃがみこんで頭をつき合わせていました。何をしているのかなとのぞき込んでみると、「あっ、いた！」と小さなだんご虫を見つけっこしていたのです。その時の幼児たちは、まるでだんご虫と一体となった世界を生きているように私には見えました（写真13）。

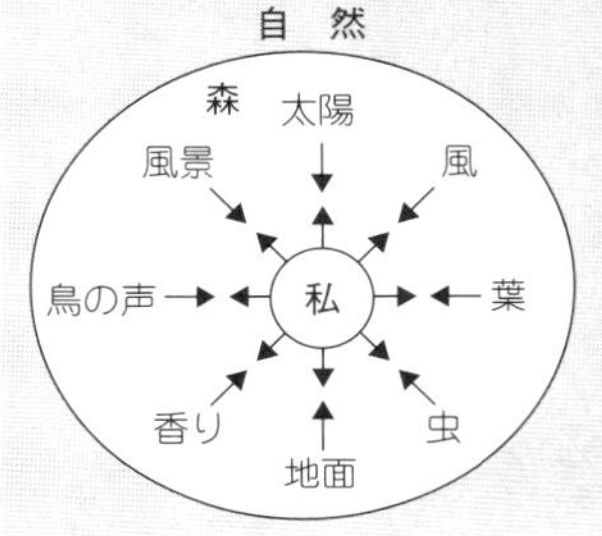

図9　森の中での出会い

写真14　筆者が毎日通勤した道（東京都立和田堀公園、二〇〇八年）

私たちは、自然の豊かさについてだれもが語ります。では、自然はどのような豊かさを私たちに与えてくれるのでしょうか？　私は、それは関係性の豊かさではないかと、毎日、公園の樹木の間を通って高千穂大学に通う道すがら考えました（写真14）。たとえば、森の中では、葉に映る太陽の光と影、葉の間をすりぬけてくる風、鳥のさえずり、動いている虫、樹木の香り、セミの声、落ち葉を踏みしめる足の感触など、全身でたくさんのモノとの出会いを感じることができます（図9）。出会いとはつまり、何らかの関係性が生まれることです。こんなに多くの関係性を全身で感じとることは、きっと人工的な部屋の中やゲーム空間の中ではできないでしょう。

自然は、人間が食料や木材や工業資源などを生み出すための母体であるばかりでなく、人間の心にさまざまな感情を育ませてくれる存在でもあります。山や海に出かければ、気分をリフレッシュすることもできるでしょうし、山菜や魚などの恵みによって自然を敬う気持ちも生まれるでしょう。山形県置賜《おきたま》地方には、「草木塔」という草木を供養する石碑が数多くありますが、それもこのような気持ちの表われと言われています。農業という営みには、本来このような自然への思いや祈りの心が含まれていたと思われますし、各地に残る民俗行事などにもそれが見られます。そうした恵みとは反対に、突然の風雨や災害など、人間がかなわない自然の力に遭遇すれば、そこに畏れの念を抱き、人間の非力さを謙虚に感じる気持ちも生まれるでしょう。

大学の児童教育専攻クラスで私が担当している「生活科指導法」の授業では、副都心の高層ビル群を前方に見る校舎ビルの屋上で野菜栽培の観察を試みています（写真15）。この体験活動を通じて私は、学生たち（私もでした）の感情が生き物に対して微妙に変化していったことに気づきました。

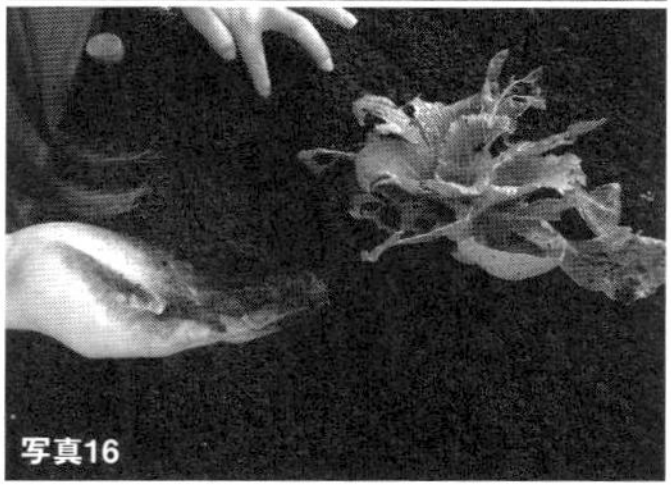

写真15　屋上実習菜園での野菜栽培と観察（高千穂大学人間科学部児童教育専攻「生活科指導法」2008年）／**写真16**　白菜の葉を食べる虫探し（同上）

観察当初、植えたばかりの白菜の苗の葉が次々に虫に食われたので、学生たちは土をほぐしながら虫を探しました（写真16）。

はじめは白菜を食べる虫をまったくの「悪

者」とみなしていましたが、一方で、葉を虫に食われながらも芯から青葉を出して生きようとしている白菜の生命力にも感情が動き出し、次に、生きるために葉を食べて成長しようとする虫にもなにやら感じ始めている気配がうかがえてきたのです。日中は土の中にもぐり、夜になると出てきて葉を食べているのではないかと推測した学生が、この虫の正体を調べたところ、「夜盗虫《よとうむし》（夜盗蛾）」という名の蛾の幼虫であることがわかりました。学生も私も、その名づけ親である先人のセンスに感心しました。

「もののあはれ（あわれ）」ということばがあります。これは、医者をしながら『源氏物語』や『古事記』の研究をした江戸時代の国学者、本居宣長が、平安時代の文学作品に見られる美意識を日本固有の情緒として特徴づけたことばです。「見る物聞く事なすわざにふれて情（こころ）の深く感ずる事」と、心の底からしみじみと思う感情をいいます。平安時代の『枕草子』には「をかし」（おもむきがある）ということばもでてきます。私たちがモノと関わって感じる心には、古代の人々から受け継がれてきた何かが、その奥底に流れているのではないかと思います。人とモノとの共生的な関係性は、このささやかな野菜づくりの実践のように、モノや自然との直接的な関わりの中から見えてくるのではないかと考えているところです。

人とモノとの関係性をとらえる考え方の一つに、アフォーダンス（afford：与える）という理論があります。この理論は、「ドアノブは、人間がそれをまわしてドアを開けるよう私たちに動作を促している」という説明にたとえられ、モノが私たちに動作の働きかけを誘発しているという考え方です。

また、現代美術には、既製品や廃物などを用いてモノの配置自体を作品と見るインスタレーション（install：設置する）という展示空間づくりの手法があります。これは、日常的なモノの働きかけを逆に生かして、人とモノとの間に意外な関係をつくり出し、それを包んでいる空間全体で何らかの感情やメッセージを伝えようとする芸術活動です。一見、何の役に立つのかわからないような現代美術の作品も、人間は常にモノとの関係性の中で自分の思いを表現する生き物であるという文化的証拠になっているのかもしれません。

アフォーダンスやインスタレーションといった考え方や表現は、日ごろ一つの見方だけでモノとの関係性をつくりがちな私たちの日常意識をいったん解体させ、私たちに、「モノと私たちの動作との間にはいろいろな関係性を見つけ出すことができるよ」とささやきかけているように感じられます。

図10 紙を用いた動作の活動例

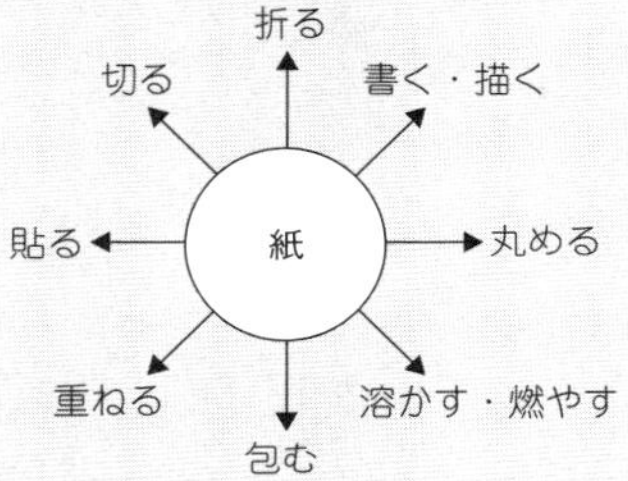

＊この「動作の図」は、紙だけでなく、卵、ラップの芯など、いろいろなモノで描くことができます。

図11　多面的な関係性

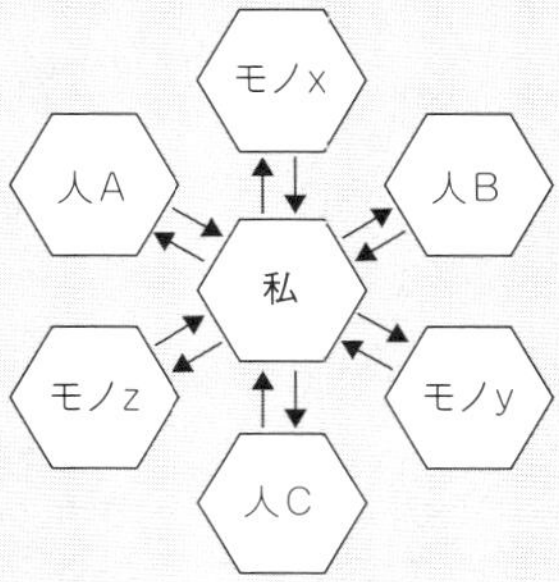

モノを一面的にではなく多面的に見ていくと、それは多面的な形としてくっきりと姿を現してきます。たとえば、紙と私たちの動作の関係性を考えてみると、図10のような姿かたちが現れてくるようにです。

このような多面的な姿は、始めからそうであるというより、人とモノとの関係性によって一つひとつ形を成していくのではないかと想像されます（図11）。ここでは、こうしてでき上がったモノの様相を**多面的付加体**と呼んでみます（これは「はじめに」（一五頁）で述べたキュービズムの絵画のようなものとも言えるでしょう）。相手（モノや人）と多面的な関係をつくっていくことは、私たち自身の可能性を多方面に開いていくことにも通じていくように思います。

モノに対する多面的な思考活動は、モノづくりや街づくりにも広く生かすことができます。私が参加している事例では、ダム工事建設現場から大量に出た粘土の多面的な利用法や、山ぶどう生産農家組合がつくる山ぶどうの多面的な利用法などについて考える「**多面的活用会議**」といった取り組みが挙げられます（図12）。一つのモノを主題にしたこのような多面的思考は、さまざまな専門分野を混ぜ合わせて新たな考えを生み出す発想法の訓練にもなるでしょう。自分の関心あるモノについて多面的な角度から見つめ直していけば、「ひょうたんから駒」ができることだってあるかもしれません。

私とモノの多様な関係性は、さまざまな「動作」でモノに関わることから生まれますが、多面的な発想の視点を「モノ」から「動作」に移してみると、同じ「動作」を別の「素材」で行なうことも考えられます。たとえば私は、幼児がつくった粘土を街のパン屋に持っていき、パ

図12　「多面的活用会議」の具体例

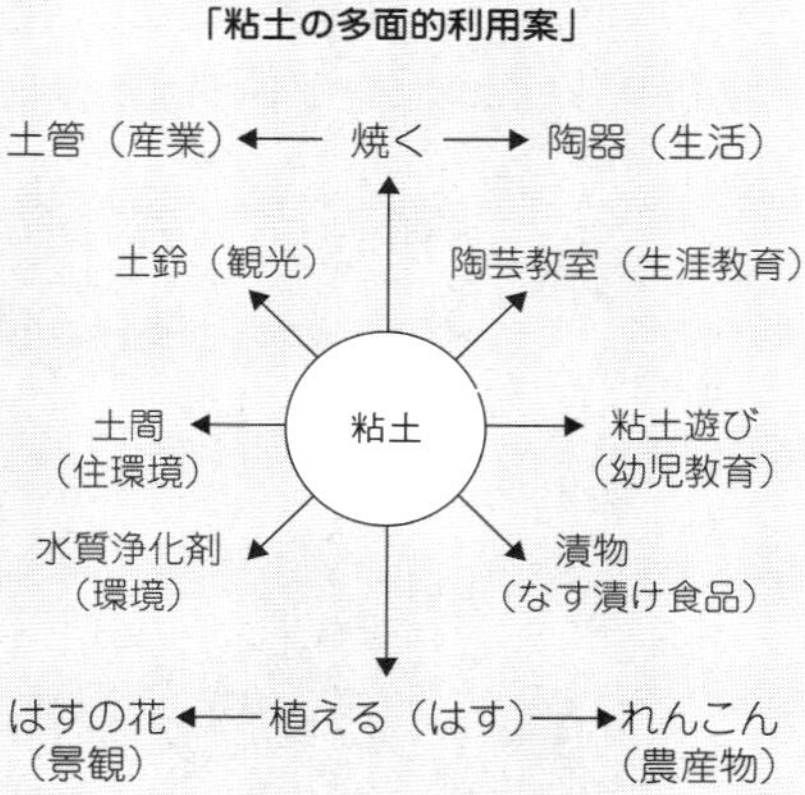

留山川ダム粘土利活用検討会議（山形県村山総合支庁建設部河川砂防課、2008年）

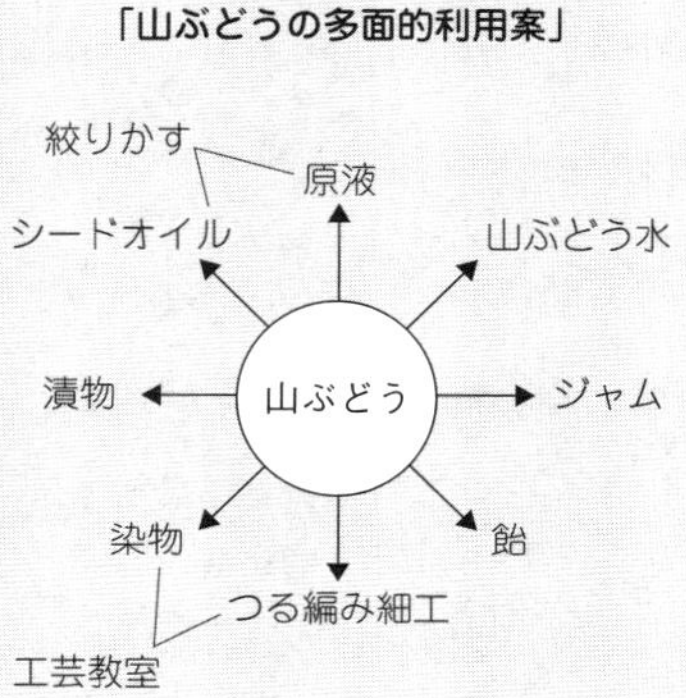

山ぶどう多面的利用促進会議（西川町山ぶどう生産組合、2008年）

ン職人に粘土の形をまねてパンに焼いてもらうことも試みてみました（写真17・18）。

粘土もパン生地も、「手でこねて形をつくる」という共通の「動作」をともなった身近な「素材」です。この奇妙な形の「こども粘土パン」は実際にパン屋で商品として販売されましたが、お客さんには「子どもの姿が思い浮かぶ」「子どもの頃を思い出した」となかなか好評だったようです（写真19）。古代よりギリシャには「イデア」（本質）と「ミメーシス」（模倣）ということばがあります。「イデア」には「感覚的世界の個物の原型」という意味合いが含まれます。「こども粘土パン」を、この二つのことばで説明してみると、次のように言うことができるかもしれません。

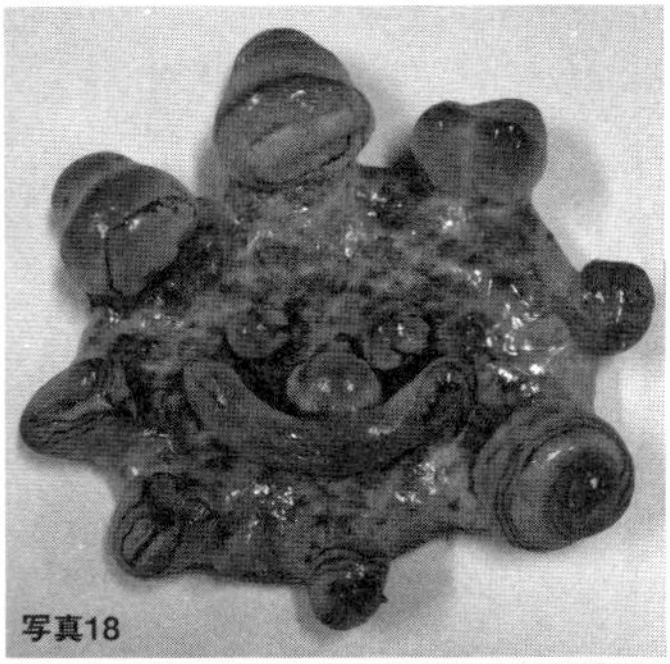

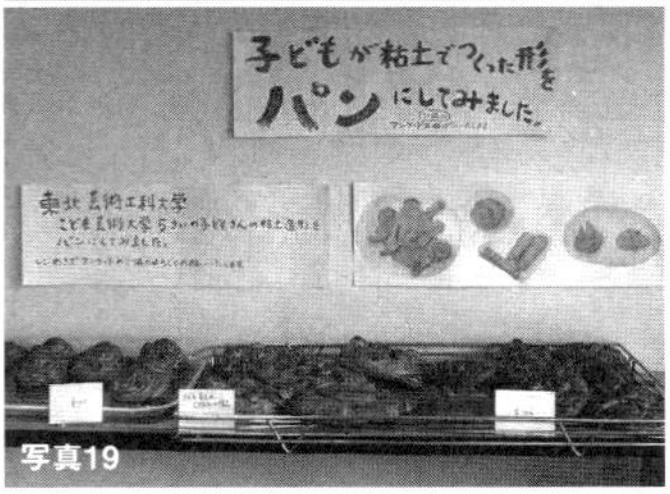

写真17　幼児がつくった粘土の造形（東北芸術工科大学こども芸術大学、2006年）／**写真18**　幼児の粘土造形をもとにパン職人がつくった「こども粘土パン」（「シャルマン」山形市、2006年）／**写真19**　店頭での「こども粘土パン」販売風景（同上）

そのパンは、子どもの粘土造形の「ミメーシス」（模倣）としてつくられたので、そのパンには、子どもの「イデア」（本質）がのり移り、それゆえ、そのパンを手にした人は子どもの「イデア」（本質）を感じとったのではないか。

ある主題を異なる素材に応用してみるというこのアイデアは、かつて山辺中学校の教師をしていた時、地域づくりの社会活動として、地元に伝わる民話（精神文化）を地元のニット工場などの壁面に壁画（地域環境）として描き、その図案を地場産業のニット製品に編み込むという企画（**関係性のデザイン**活動）を試みる以前から考えていたことです。

一つのモノを異なる動作でいじったり、一つの動作を異なるモノで行なったりと、モノと動作をいろいろ置き換えてみれば、そこからなにやら楽しい活動が生まれてきそうな感じがします。このようなモノと動作の**関係遊び**の活動は、日常生活を愉快にし、モノづくりや街づくりを活性化させる試みの一つになるのではないかと私は考えています（この着想は東北芸術工科大学こども芸術教育研究センターの研究紀要『こども芸術教育研究 vol. 2』に発表し、目下、**活動変容論**として一般化できないかと模索中です）。

6 人工物

自然のモノたちに対して、それを利用し（素材にし）人間の手で加工してつくったモノを人工物といいます。私たち人類がつくり上げてきた人工物には、たんに物質としてのモノだけではなく、言語や文字などの記号もあります。これは、できごとの記録や個人の思いなどを他者に伝達する媒体として生み出されたものです。

教育学には、教育の営みを人間の歴史的活動から考えていく学派があります（「文化 - 歴史的アプローチ」と呼ばれています）。この学派によれば、人（主体）と人（対象）が関わる活動はすべて人工物を介して行なわれます。ですから、教育や子育てなどの活動は、主体が対象に働きかけるという単線的な二項関係でとらえるのではなく、「主体―人工物―対象」の三角関係で見ていくものとされています（図13）。

図13　人工物の概念図

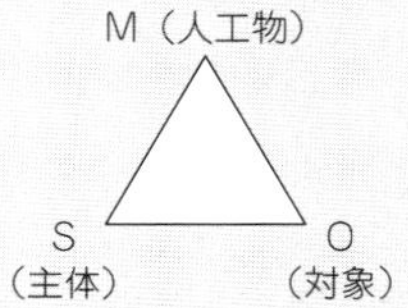

マイケル・コール／天野清訳『文化心理学―発達・認知・活動への文化 - 歴史的アプローチ』（新曜社、2004 年、p.165）

このような人と人工物の関係性を、たとえば私たちの社会のさまざまな職業に照らしてみると、人工物を用いた仕事の種類は、主に言語・文字など「記号」を用いるものと、「物質」を用いるものに大きく分けられるように思います。役所や会社の事務職・営業職、人文系研究者や学校教師の仕事などは前者にあたるでしょうし、職人、技術者、理工学系研究者、芸術家、料理人、家事などの仕事は後者にあたるでしょう。

そこで、人工物を、記号系と物質系の二つの極に分けて、図の形を三角形から四角形に変形させてみました（図14）。「記号」を中心とする領域と「物質」を中心にする領域とをはっきりと区別してみたのです。この場合、四角形の上の部分にあたる「記号」の領域は、「物質」をあつかう具体的な領域に対して「形而上学」的な領域と言うこともできます。

図14　人工物の変形

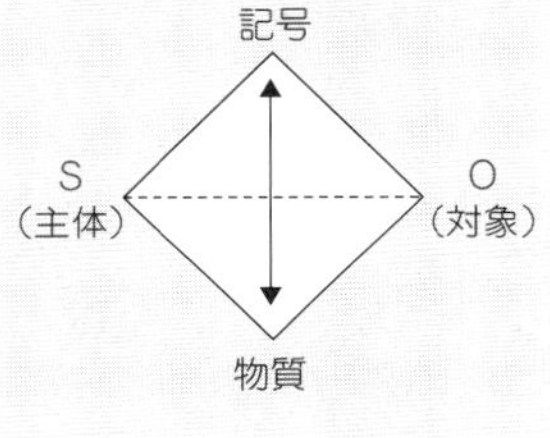

「形而上学」とは、哲学の一分野で「物事の存在を考える学問」を意味し、日本語としては、古代中国の易経にある「形より上のもの、これを道と言い、形より下のもの、これを器と言う」（形而上者謂之道、形而下者謂之器）という文からとられたことばです。それからすると、有形物を中心にする領域は「形而下学」と言うことができるでしょうし、「形而上学」が「物事の存在を考える学問」ならば「形而下学」は「物事を用いて活動する学問」と表現してもいいように思います。

この二つの領域は、さらにそれぞれ二つに分けることができます。記号系の中でも話しことばの「言語」と書きことばの「文字」では表現する性質が異なりますし、物質系の中でも「素材」としてのモノと「道具」としてのモノでは使う性質が異なります。どちらを得意とするかや、どちらに関心があるかで、人のタイプや職種の選び方も異なってくるように思います。そこで次のような四つの人間類型を思い浮べてみました（図15）。

図15　人工物による四つの人間類型

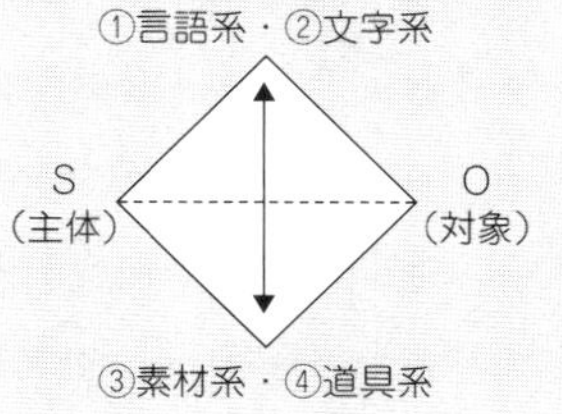

①　言語系の人

話すことを通じて何かをつくり上げることが得意だったり、それに関心のある人。話すことはだれもが日常的に行なっていますが、話しことばは相手との関係で刻々と変化していくだけに、それこそ一瞬にして消えてなくなる性質を持っています。しかし、それゆえに人の心に深い印象を刻み込む場合もあります。話すことを主たる仕事にしている職業としては、営業のセールスマン、人と交渉するマネージャー、経営者、商業者、アナウンサー、政治家、役者、芸能人、教師などが挙げられます。

②　**文字系の人**　文字を通じて何かをつくり上げることが得意だったり、それに関心のある人。数字も含めた文字記号は、話しことばとは異なり、情報を記録して保存し、その内容を確実に他者に伝えることができます。そして、記録されたものは、じっくりと読みとって考えることができます。職業的には、学者、役所に勤める公務員、会社の総務担当者、小説家、出版編集者、新聞記者、弁護士（法廷では話をする技術が中心になります）、会計士などが思い浮かびます。コンピュータ言語を駆使するプログラマーやＩＴ技術者、楽譜に向かう作曲家もこれに相当するでしょう。文字記号の表現には、論文、企画書、簿記、小説、俳句など、目的に応じたさまざまな形式や特徴があります。

③　**素材系の人**　素材を使って何かをつくり上げることが得意だったり、それに関心のある人。素材とは、この世界にある物質すべてを指します。職業的には、農林水産業や土木建築業にたずさわっている人、工業製品や伝統工芸品をつくっている人、料理人やパテシエ（菓子職人）などがそうでしょう。画家や彫刻家なども、素材を生かして表現している人です。

④　**道具系の人**　道具を使って何かをつくり上げることが得意だったり、それに関心のあ

る人。道具を用いるのはモノづくりだけでなく、マイクを使って話したり、パソコンで文字を入力したり、あらゆることで用いられます。現在は、多種多様なメディア（道具）が開発され、目で見る映像や耳で聴く音楽、それに目と手と耳で楽しむゲームなどのソフトも増えてきています。職業的には、理学系の研究者、カメラマン、メディア関係者、ドライバー、技師、医師、スポーツ選手、演奏家などが当てはまります。

もちろん、私が思い浮かべてみたこれら四つの人間類型の様相は、実際にはだれもがすべてを持ち合わせているでしょうし、どの職業にも多かれ少なかれすべて当てはまるものです。私たちの生活は、人と話をし、書類を読み、文字を書き、料理などのように素材を用いてモノをつくり、道具としての電化製品を操作したりすることなどの総合活動です。しかも、現代においては、それらの活動はどんどん複雑に融合しています。

たとえば、若い人たちにとっては、デコレーションケーキやアクセサリーの感覚で、ケータイのメール文字をデコレート（装飾）することも普通になっています。ケータイ文字は話しことばとして押され、さらに創作物の素材として絵文字にもなっているように、今や言語・文字・素材・道具の境界が溶けて一体化しつつあります。漢字から平仮名文化をつくり出し、絵と文字を組み合わせたマンガや、連続した絵と会話によるアニメーションで世界の人々に親しまれる作品を生み出してきた日本人は、電子の文字記号においても物質のようにこねてつくり直し始めているような感じです。

私たちの生活は、自然だけでなく、こうした無数の人工物ともさまざまな関係性をつくり上げることで成り立っています。同様に、私たち一人ひとりの中には幾つもの関心や得意な分野を持つ「自分」がいて、その「私の中の自分たち」が互いに補い合うことによってもモノとの関係性を広げ、日々生活していると言うことができるでしょう（これについては第三章であらためて触れます）。

職業や会社の選択も大切なことですが、たまには視点を変えて、人間活動の全体から「私」の今を見つめ直してみるのもよいかもしれません。自分の興味関心から生じる小さな試みの一つひとつが、社会の中で自分の持ち味を生かしていく大きな手がかりになるように思われるからです。それは、若い人たちにとっては「就活」（就職活動）以上に、長い一生における「急がばまわれ」式**生きがい活動**になるのではないかと思うのです。

⑦ 万物の根源

モノのありさまやモノへの働きかけをテーマにした研究は、文科系の本ではあまり見かけることがありません。モノのことは、理学や工学の分野と思われているからでしょうか。しかし、文科系と理科系が専門分化する以前は、一人の研究者がどちらの領域も探究することはごく当たり前に行なわれていたようです。

近代社会への道を歩む一七世紀から一九世紀初頭のヨーロッパ。「はじめに」で紹介したデカルトは、光学・気象学・幾何学から、喜びや悲しみといった人間の感情・道徳観までを幅広く考えて、自身の哲学思想を確立しました。民主主義の考えを啓蒙したイギリスの政治哲学者ジョン・ロックは、医師として熱病の研究もしていました。フランスの思想家ルソーは、破天荒な人生の中で人間と社会の原理を追求するだけでなく、恋愛小説を書いたり、音楽や言語や植物などの研究もしました。ドイツの文豪ゲーテは政治家にもなり、一方で色彩研究もしました。

一人の人間が、地球上のモノの原理から人間の生き方・考え方の原理まで、専門分野を仕切らずに、広く自分の興味関心のままに考えようとする姿は、古代ギリシャの哲学者にまでさかのぼることができます。人類の長い歴史からみれば、学問や職業などが細かく専門分化されていったのは、わりと最近のことかもしれません。

実際に何かを体験した人のことばは、実感がこもっているので、聞く人、読む人の心に重く響くとよく言われます。また、そのようなことばは、聞く人、読む人の体験を深めたり広めたりするとも言われます。本来、言語や文字は何かの体験や感動を伝えるものとして生み出され、それによって私たち人間の体験はより深く広いものになっていきました。しかし、いつのまにか言語や文字は人間の体験活動から分離されて、「会議のための会議」「試験のための試験」とよく言われるように、社会においても個人の人生においても「言語のための言語」「文字のための文字」といった分離状況を増幅させているように思われます。それは、近代社会以降に文科系の学問と理科系の学問が分かれた文理分離の状況や、前節のことばで言えば、「形而上学」と「形而下学」の分離のありようにもつながることだと思います。

「平和」「豊かさ」「平等」といった抽象的なことばが強く論じられても、私たちにはその実体がつかめないので、机上の空論のように聞こえてしまうことが多々あります。また、いくらインターネットが発達しても、電子空間の中で私たちの実生活が充実するということにはなりません（実際に私たちの胃袋を満たしてくれるのは、数字としてのマネーではなく、実体としての食べ物なのですから）。私たちの生活をより充実させて生き生きしたものにするには、言語や文字を実際の体験と融合させた活動、文理を融合させた活動、形而上と形而下を合わせた活動を行なっていく必要があるのではないかと思います。それは、中国の明の時代の儒学者・王陽明が唱えた「知行合一」にならえば、形而上の知と日常の人間活動を一つに合わせるという意味で、**知動合一**ということばで言い表わしてもよさそうです（東北芸術工科大学こども芸術教育研究センターの研究紀要『こども芸術教育研究 vol. 2』には、生活の中に溶け込ませる学びという意味でこれを**生活混合学習**と表現しました）。

人間の活動が文理融合していた時代、古代インド・中国や古代ギリシャの思想には「万物の根源は、〜からなる」という表現がよくでてきます。記号（言語・文字）による活動と物質（素材・道具）による体験活動を結ぶ作業として、現代に生きる私たちも、それぞれに「万物の根源は、〜からなる」についてあらためて考えてみることは意義がありそうです。

この作業は、たんに、科学で学ぶ「モノの原理」（物理）を知識として整理することではありません。そうではなく、そのような知識をまだ身につけていなかった古代の人々が感じとっていたと思われることを、私たちも自分なりに実感して、「私とモノ」の関係をとらえてみようという試みです。このような思索は、二〇世紀フランスの科学哲学者ガストン・バシュラールが論じた「物質への詩的想像力」に関する一連の著作を連想させるかもしれません。私は、「万物の根源は、空気・水・土・火の四要素からなる」というふうに立て、次のように考えてみました。

「**空気**」は、生き物の活動に不可欠な物理的成分（酸素や二酸化炭素）を意味するだけでなく、それを通して私たちが関わることのできるすべてのことがらを含みます。目に映る光、空気の振動によって耳に聞こえてくる音、肌で感じる寒暖の気温・風、見えない電波、などです。日ごろ私たちは「空気」を意識しないで生きていますが、「空気」は私たち人間を含む地球上のすべての存在を包み込んでいるものです。

「**水**」は、海に始まるあらゆる生命の源であり、大地をうるおす雨によってあらゆる生命を育む源になります。私たち人間の体も体重の半分以上は水分です。また、「水」はさまざまなモノを溶かしたり流したりする特徴を持ち、「火」とともにモノを変容させる媒介にもなります。

「**土**」は、植物が生え育つ大地であり、そこに生きるすべての生き物たちの活動場です。

図16　筆者が考えた万物の構成要素

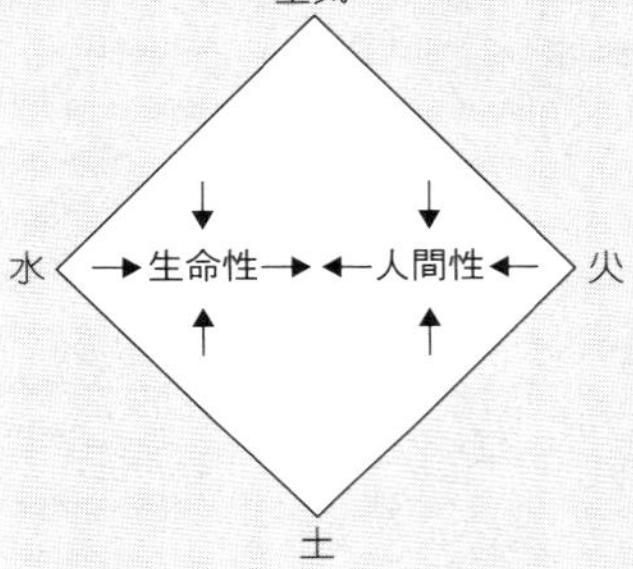

また、人間にとっては、農耕や牧畜、地下の鉱物資源利用など、あらゆる生産活動の素でもあるとともに、「母なる大地」ということばがあるように、精神的な営みの立脚地でもあります。

「火」は、モノの姿を変容させて何かをつくり上げたり破壊したりするエネルギーの象徴です。人間は「火」のおこし方を発見することで、さまざまなモノを変容させて活用できるようになりました。「火」は、人間の生活を発展させてきた原動力です。

ここで私は、「水と火はモノを変容させる媒介になる」と述べました。その特徴に照らせば、「水」を中心とする「水・空気・土」の三要素は生命を育んできた極、「火」を中心とする「火・空気・土」は人間特有のモノづくりを発展させてきた極と位置づけることもできます（図16）。特に「火」の発明は、モノづくりだけでなく、人間の「コミュニケーション」の在り方をも豊かにしてきたと想像することができます。「火」と「コミュニケーション」の関係についてもう少し考えてみます。

人類がいつからことばによるコミュニケーションを持つようになったかについては（ことばの定義も含めて）いろいろな説が出されているようです。ことばには石器や文字のように物的証明がないからです。それはさておき、私たちの日常生活をふり返ってみると、ことばによるコミュニケーションが盛んに行なわれるのは一体どのような場面でしょう？　おそらく、共同して何かをしなければならない場面とか、食卓を囲んで語り合う場面ではないでしょうか。

そうした視点からコミュニケーションの起源を想像してみると、前者は、マンモスのような獲物を共同で狩る時にやりとりされるコミュニケーションの光景を、後者は、とった獲物を火を囲んで食べながら談笑し合うコミュニケーションの光景を思い浮かべることができます。

また、この二つの場面では、話し方や雰囲気も異なっていただろうと想像できます。前者は、仲間と安全に目的を追求するためのメリハリある**仕事ことば**、後者は仲間と安心して会話を楽しむためのくつろいだ**食事ことば**というように。ことばによるコミュニケーションの豊かさは、人類が生存していくために使ってきた**仕事ことば**と、人々が楽しく暮らすために使ってきた**食事ことば**の両方を十分に享受するところにあったのかもしれません。

仲間や家族と火を囲んで食べ合う時のコミュニケーションの豊かさは、鍋を囲む様子を思い浮かべただけで感じとれるものです。そこでは、盛りだくさんの食材が鍋を囲む人たちの胃袋を満たしながら、その人たちの口から出てくる楽しい話題が食卓いっぱいにあふれます。その様子は、**話食同源**とでも表現したい感じです。そして、鍋の中で食材が豊かに混ざり合うのと同じように、食卓の上ではさまざまな話題が豊かに混ざり合って、鍋を囲む人たちの心をも満たすのです（図17）。「仲間」を意味する英語「コンパニオン companion」のラテン語の語源の意味は「ともにパンを食べ合う」ですが、こうした食べ合うコミュニケーションの文化も、「火」の文化を媒介にして生まれた「私とモノ」の豊かな関係の一つではないかと思います。

図17　鍋のコミュニケーション

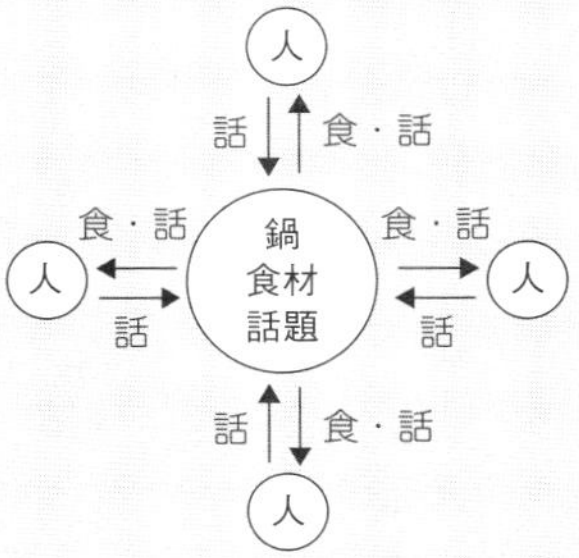

世界各地で古代文明が起こり、多くの人たちが王のもとで奴隷として働かされていた時代、日本では森の採集を中心とした縄文文化が栄えていました。各地から出土する縄文土器には個々に豊かな表現を具えた装飾がほどこされています。これをつくった人々は、どのような思いで装飾をつくり上げていたのでしょうか。そして、火を囲みながらどのような会話を楽しみ、森の恵みを食べ合っていたのでしょうか。人間の長い歴史からみるとごく最近の話として、こ

資料2　縄文土器と駄菓子屋の風景

出土している縄文土器

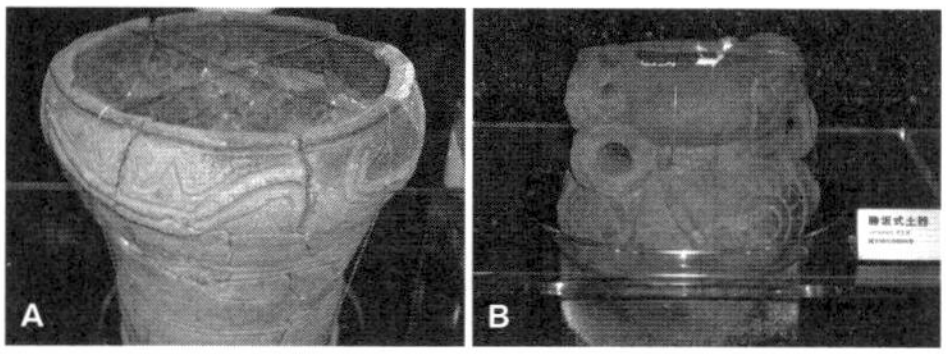

どちらも、下高井戸塚山遺跡出土の縄文時代中期（約5000年～4000年前）の土器（杉並区立郷土博物館）。

A くりやどんぐりなどの森の幸をコトコト煮込んだのでしょうか？

B よく見ると取っ手がリスの形をしているような土器もありました。

縄文の人々は、これらの土器を囲んでどんなことを語り合っていたのでしょうか？

駄菓子屋で「もんじゃ焼き」を食べている子どもたち

伊藤晴雨『江戸と東京風俗野史』（国書刊行会、2001年）

うした**話食文化**は駄菓子屋に集まっていた昔の日本の子どもたちにも受け継がれ、体験されていたように思います（資料2）。

私のふるさと山形では、秋になると、薪と鍋と食材（さといも、牛肉、ねぎ、こんにゃくなど）を持ち寄って河原で仲間たちと芋煮会をします。この秋の風物詩もまた、脈々と営まれてきた人類の「火」の文化の表われの一つなのでしょう。

「火」の文化とともにあった**話食文化**をコミュニケーションの視点から見てみると、鍋は「人を引き寄せるメディア（媒介物）」と表現することもできそうです。その意味では、駄菓子屋の菓子も、あるいは大人やお年寄りがなごやかに会話を楽しむ時の菓子も、まさに「人を引き寄せるメディア」と言えます。私はこうしたメディアを**話菓子**《わがし》と呼んでいますが、それから

写真20　人を丸く引き寄せて考えを出し合う発想用紙（**八想用紙**）を用いた授業。用紙は中華テーブルのように回転させます（東北芸術工科大学「こども芸術教育演習」2006年）

すると、どんなに遠くに離れていても人と話すことができるケータイは、逆に「人を引き離すメディア」と言うことができそうです。

ここまで、記号（言語・文字）と物質（素材・道具）を結ぶ試みとして「自説・万物の四要素」、特に「火」についで考えてみましたが、このように想い巡らしていくと、「火」の文化は「私とモノ」の根源的な関係をとらえる上で、最も基本的な姿かたちを指し示してくれていることがわかります。

そして、こうした「火」の文化は、身近な人間活動にもさまざまに応用することができそうです。私は鍋を囲む場面をモデルに、みんなでアイデアを出し合うための発想用紙（**八想用紙**）を考案してみました（**写真20**）。こんなふうにして、「空気」の文化、「水」の文化、「土」の文化についても想像の翼を広げてみたいと思っています。

「自説・万物の四要素」は、あくまで私の感覚からでてきたものですが、あとで調べてみると、古代インドや古代ギリシャでもまったく同じ要素を四元素にしていたことがわかりました。また、古代中国の五行思想に言う「木、火、土、金、水」という五要素も似ていました（樹木の成長を示す「木」は酸素を生み出してくれるので「空気」とつながり、「金」に代表される鉱物資源は植物の種が育つ「土」につながります）。とすると、私が立ててみた四要素は、人間だれもが普遍的にイメージできる最も根源的な要素なのかもしれません（私も人間の一人として、同じことを考えていたというわけでしょうか？）。

「私とモノ」の関係。みなさんは今、モノとどのように関わっていますか？　科学は、私たち人間も物質の集合体によってできていることを明らかにしています。「私」とは何者なのか？「私」らしさとは何なのか？　これを考えていくには、「物質としての私」「生き物としての私」「人間としての私」という三つの層からなる「私」の全体をとらえる必要があるでしょう

図18　「私とモノ」の関係の層

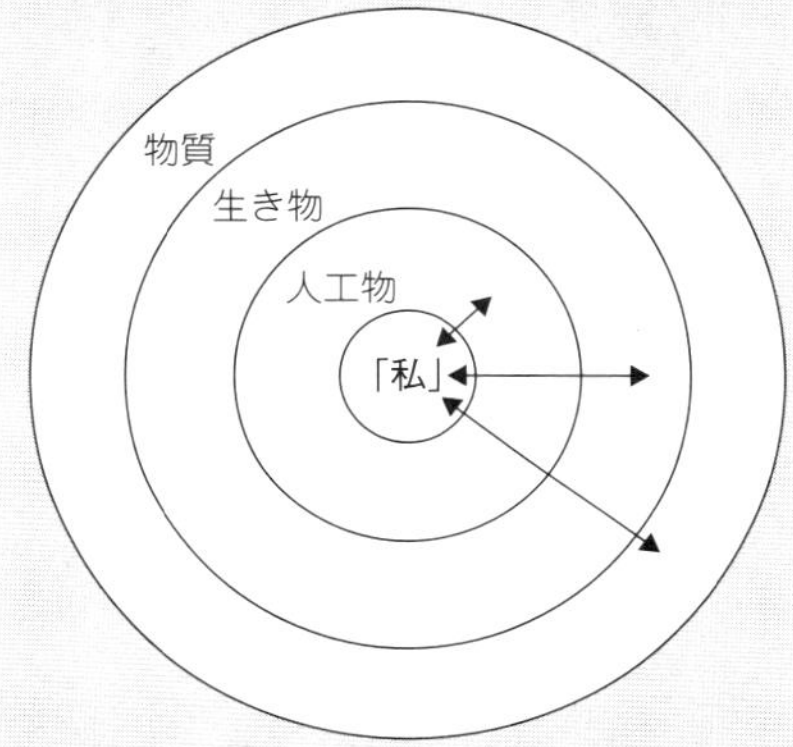

モノ＝物質⊃生き物⊃人工物
「私」＝物質としての⊃生物としての⊃人間としての

が、そのためには、物質・生き物・人工物といったモノたちとの関係性も同時にとらえていくことが大切なのではないかと思います（図18）。

もちろん、「私とモノ」の関係のありようは、生きる時代や住んでいる社会によっても異なります。今と比べてモノのない時代に生きてきた方と、モノをどんどん生産する時代に生きてきた方との間では、モノに対する見方・考え方もだいぶ異なります。モノよりもソフトや情報ということばの中で育ってきた若い人たちにとっては、さらに異なる関係性をモノとの間につくり出していることでしょう。

それでも私たちは、同じ時代の同じ社会に生きています。敗戦、高度経済成長、バブル崩壊、ＩＴ革命、そして今日の社会…。私たちが住む現在の日本社会は、特にモノとの間で異なる関わり方をしてきた世代が混在している社会です。それだけに、「私とモノ」の普遍的な関係原理を素朴に見つめ直してみることは、現代においてはとても大切な活動ではないかと思えるのです。いろいろな世代の人と直接ふれ合い、「私」と異なるモノの見方・関わり方に出会うことは、私たちの人生をさらに豊かにしてくれることでしょう。

たんに知識を学ぶための学ではない、「私」自身を生き生きとさせてくれる「生きた世界の学」は私たちの目の前にあります…。

第二章

「私と人」の関係

前章では、「私とモノ」の関係について考えてみました。本章では、私たち人間どうしの関係性について、「私」を軸に人間社会を広く見通しながら考えてみたいと思います。

まず、「1　マネーの交換」では、現代社会における人間どうしの関係性を象徴するマネー（お金）による交換についてふり返ります。それを受けて、「2　関係のてんびん」では、マネーの交換関係以前からあったはずの「与える—受けとる」という人間的な関係性について問い直し、「3　お互い様」では、「与える—受けとる」関係を現代社会の中で具体的に生かしていく試みを提案します。「4　二重性」では、人と人との関係は「近づく—離れる」という動きを繰り返し、それによって「私」と「あなた」の間の感情も変化していくことを確認します。また、二重性の始原の姿である「包む—包まれる」という関係性にもまなざしを向けます。「5　タテ・ヨコ・ナナメ」では、人間社会を秩序立てている組織や集団におけるタテとヨコの関係性の特色をながめた上で、タテ・ヨコ関係を超えたナナメの関係の可能性を探ります。「6

人生の老若男女」では、異なる世代や性差の人々が混在する人間集団の多様性の意味を考えます。最後に、「7　三角学習」では、人間関係の実践的な在り方を考えていくための最も小さな集団モデルとして、二者間の対話の原理を拡張した三者関係の会話について考え、そこから広がる人間関係づくりの可能性を示します。

なお、本章の1から5の中に登場する二者関係の原理的な一〇の場面図と、7で示した三者関係の原理的な一〇の場面図は、本書の扉にまとめています。「ものの見方・考え方」の基本原理として、人間活動のさまざまなことがらに応用できると思います。

1 マネーの交換

現代社会で人と人との関係のやりとりを最もよく象徴しているのは、お金による交換でしょう。

当たり前だと言われるかもしれませんが、私たちはありとあらゆるモノやサービスをお金と交換して得ています。食事をするにも、食材は店で買いますし、家でつくる手間はスーパーの惣菜や外食で買うことができます。人間社会がモノの交換財としてお金を用い始めたのは古代からですが、現代社会の私たちが抱いているお金による交換の感覚は、以前の人たちの感覚と比べてだいぶ変化しているのではないかと思います。具体的に言えば、「お金のありがたみ」の実感が薄れているのではないかということです。

私の思い出になりますが、社会人として中学校の教師になった当初は、毎月の給料日になると、手渡しでじかにお金の入った袋をもらいました。その時は、お金をありがたく感じた覚えがあります。その日は、職員室に乾物食品などのモノ売りに来る業者の人などもいて、今思うと、何かお金のまわりに人との温かい関係性が宿っていた雰囲気でした。職場の同僚と帰りに飲みに行こうかとか、家にお菓子を買っていこうかという気持ちにもなりました。

それは、子どもの頃、わずかなお金を握りしめて駄菓子を買って友だちと分け合ったように、お金が人と人を温かく結ぶ媒介物になっていた感覚の延長だったのかもしれません。それから数年すると、給料日にもらうのは、給料明細が書かれている紙だけで、実際のお金は銀行に振り込まれる方法になりました。「なんか、働いてお金をもらったという実感がないね」と職場の同僚と話したことが思い出されます。

今では、あらゆるモノやサービスはお金がなくてもカードで手に入れることができ、パソコンのクリックひとつで自宅にモノが届く便利な世の中になりました。「実感なき交換」によって何でも手に入れることができるようになった現在のお金を、かつての「ありがたかったお金」と区別して、ここからマネーと呼んでいくことにします。

現代のマネー経済社会では、モノも人もマネーに従属する感じになりがちになるように思われます（図1）。人の働き方も、だれもが時給いくらで代替可能にマニュアル化され、経営者は労働者（人）を大切にするよりマネーの収益を何より優先しがちになっている傾向があるの

図1　マネー社会への変容

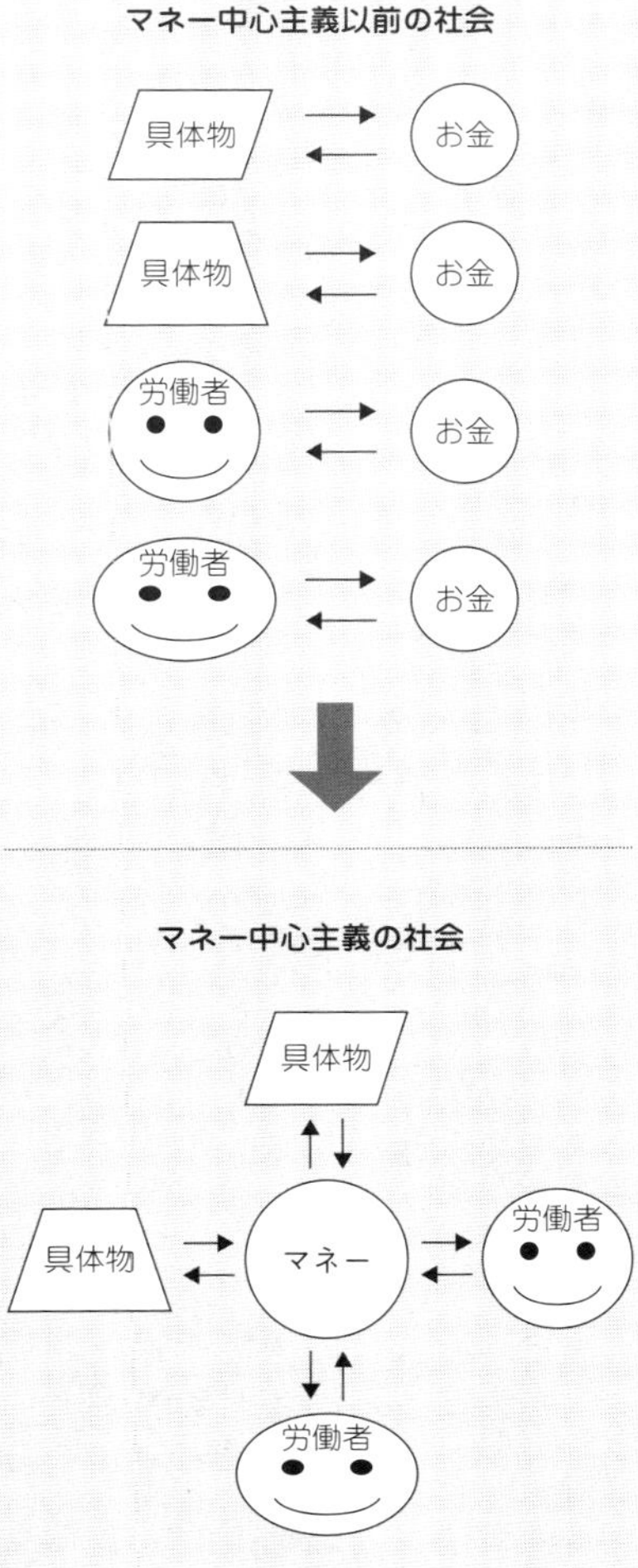

ではないでしょうか。一方、「実感なき交換」による消費生活は、先に商品をどんどん購入して、あとでお金を支払うことができなくなってしまう「交換感覚障害」とでも呼べるような経済的病気を人々に蔓延させている感じがします。そして、マネーの売り買いを専門にする人たちは世界中で利が利を生む虚の売買を繰り返して、マネーを暴走させています。

私たちの身近なところでお金と商品の交換関係が見られる場としては、近所の個人商店とコンビニがあります。どちらも同じようにお金で商品を買う店ですが、お金を介した人との応対関係はどこか異なります。近所のなじみの商店では、買い物ついでに雑談をしたり、おまけをつけてくれたり（私が子どもの頃には子どもにお駄賃をくれたり）する人間らしい温かな対応が今でも見られます。しかし、コンビニではそれは感じられません。

コンビニでは、だれに対しても平等に接します。コンビニにとって、店内に来る人は「三軒隣の～さん」ではなく、だれもがただの（無名性の）客であり、店員は大人にも子どもにも目線を合わせることなく同じことばで応答し、すべからく決められた金額で交換経済が営まれています。コンビニになくて個人商店にあったのは、商品を売ること以前の人と人との関係性だったのかもしれません。

先日、北九州市立大学で開講している「つながりの人間学」という授業にゲストで招かれ、

「駄菓子屋の多面的な価値」について講義をしました（その授業は、民俗学・教育学・体育学の三人の先生が共同でつくっているユニークな取り組みでした）。その時、コンビニでアルバイトをしているという男子学生が、だれに対しても同じことばで応対するコンビニの雰囲気に違和感を持ち、子どもには子どもと接するようなことばかけをしていると語ってくれました。一見、マニュアル通りの交換関係のお店しか知らないように見える現代の若者たちも、どこかでそれ以前にあるはずの「人間的な関係」をつくろうとしていることが察せられました。

では、お金／マネーの交換関係以前にある「人間的な関係」とはどのような関係なのでしょうか？　その基本原理を探ってみたいと思います。

❷ 関係のてんびん

交換関係とは、「与える」という関係と「受けとる」という関係が同時に行なわれている状態を指します。お金を与えてモノを受けとり、モノを与えてお金を受けとるという交換関係は、私たちの関心をお金／マネーの量にばかりに向かわせがちですが、原理的にはこれも、「与える」という関係と「受けとる」という関係によって成り立つものです。そこに焦点を当ててみ

図２　「交換する」関係と「与える―受けとる」関係

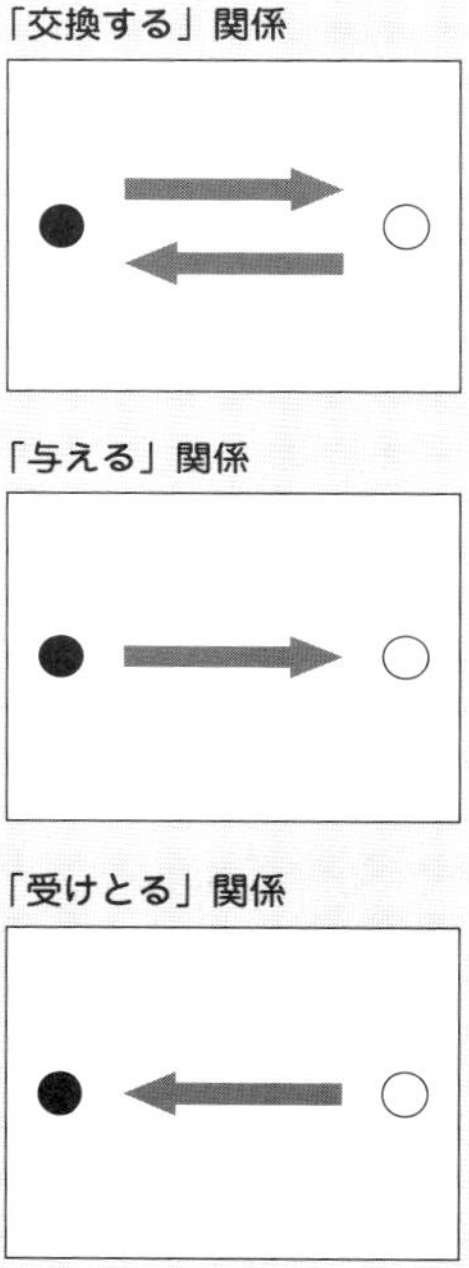

ます（図2。以下、本章で二者関係を表わす図は本書扉「二者関係一〇図」参照。図の●は「私」、○は「相手」という設定で考えると、より実感がわくかもしれません）。

二〇世紀初めのフランスの文化人類学者マルセル・モースは、非西洋の民族社会や原始社会で営まれている「贈与」という「与える」行為に注目し、そこに、ヨーロッパ近代社会の交換関係とは異なった「与える―受けとる」関係の包括的な意味合いを発見しました。私たちも、「お金には替えられないものがある」という言い方をすることがありますが、何かを無償で与える「贈与」という行為の中には、「交換」とは性質を異にする何かが含まれているのかもしれません。

そもそも私たち人間社会は、「モノとモノ」や「モノとお金」を等価で交換をする以前から、「与える―受けとる」という営みによって人間の関係性をつくってきました。人が何かを「与え―受けとる」ことは、他者との関係性をつくる行為の始まりになります。親は子に食べ物を

「与え」、子は親から食べ物を「受けとる」ことによって、親は親となり、子は子になります。私は時々家の近くで、親スズメが子スズメに食べ物を与えている場面を見ることがありますが、その様子は「与える—受けとる」関係性そのものを表わす姿のように見えます。

人と人が話し合う会話も、話し手は、その話に耳を傾けて聞いてくれる（＝話を受けとる）人がいることで話し手になり、聞き手はその話をしてくれる（＝話を与える）人がいることで聞き手になります。音楽の演奏者と聴衆の関係も同じでしょう。

「与える—受けとる」関係は、お互いの状況に応じてさまざまなやりとりを生み出します。それは、人と人との「気持ち」のやりとりの始まりになるものです。恋人や親子関係のように、愛情は、与えられてありがたいと思う経験をすることによって、他者や次世代に再び与えることができるものでしょう。子は、親から見返りを求めないたくさんのものを与えてもらうことで、感謝や敬う気持ちを育みます。「人を思う気持ち」は、思いを込めてお客さんを接待する「もてなす」心にもつながります。

近所の人や親しい人に何かを「与える」ことを、「おすそ分け」といいます。とれた野菜やつくった料理など、余分にあるものをおすそ分けする行為は、おすそ分けする「モノ」が「人を思う気持ち」を伝える「媒介物」の役割を果たします。今ではほとんど見かけることがありませんが、かつて駄菓子屋に集う子どもたちもよく「分けっこ」をしていました。

人間の経済活動は、余剰分を他者に「与える」ことから始まったと言われています。それは生産物だけでなく、自分の時間や労力や技術なども含みます。困っている人や手助けを求めている人にそれらを与えれば、協働活動やワークシェアリング（仕事の分けっこ）、福祉活動といった近代的な概念にもつながっていきます。人と人との関係をよりよく築いていく時に財産となるのは、お金ではなく、こちらの方かもしれません。

モースを紹介したところで述べた「贈与」についてもう少し考えてみます。この行為には、贈り物を受けとった人がそれを与えてくれた人に返礼をしなければならないという気持ちが働く一面もあります。それゆえ意識の程度の差はあれ、「贈与」には、与えた見返り（返礼）を期待して「贈与」する場合もあるでしょう。お返しを期待するこうした「贈与」は「目的贈与」と呼ばれますが、それは、モノの移動だけをみると「交換」に似た行為にも見えます。しかし、私たちは、お返しを求めない「贈与」もしていることを思い起こす必要があります。

それは、親が子に与える行為やボランティア活動もそうでしょうが、働く人たちの意識の面では、学校の先生の教育活動や、医師・看護師の医療活動、介護師などの福祉活動もそうでしょう。また、商品をつくったり売ったりする経済活動であっても、つくり手や売り手の人たちの気持ちには、自分の仕事で人に喜んでもらいたいと願う「贈与」の心が含まれているのだろうと思います（買い手も、そのような心が込められた商品を求めているのではないでしょうか）。人がだれかに対して行なう活動には、すべてそのような「贈与」の心があるのかもしれません。どんぐりを植え続けて荒地を緑にしたような羊飼いの男の行為（ジャン・ジオノ著『木を植えた男』）は、その象徴として描かれているように思えます。このような「贈与」は、「目的贈与」と区別して、「純粋贈与」と呼ばれています（子どもたちにとっての最大の「純粋贈与者」は、サンタクロースでしょう）。

「贈る・与える」という行為は、同時に「もらう・受けとる」という行為をあらためて考えさせてくれます。なぜなら、社会を見渡してみるとわかるように、人はふだん、「与える」より「受けとる」ことを優先しながら生きているからです。

「与える」に対して、「受けとる」の「とる」という行為は、「栄養をとる」という表現もあるように、生きる上でだれもが第一に必要とする活動です。人間は「与える」だけでは生きられず、毎日栄養を「とる」ように、恒常的に「受けとる」ことをしなければなりません。読書をしたり映画を観たりすることの中にも、楽しむだけでなく、考え方や生き方の栄養分を「とり」たいという欲望が含まれているかもしれません。ちなみに、英語の「take」（とる）という語は、英語の動詞の中で最も多くの意味合いを含むことばです。「〜を手にとる」「〜をつかむ」「〜をとらえる」「〜を持っていく」「〜を連れていく」「〜に乗る」「〜を受けとる」「〜を要する」「〜を飲む」「〜を買う」「〜を採用する」など、たくさんの意味があります。

人間にとって「受けとる」ことが生きる基本であるならば、「与える」という行為についても常に「受けとる」行為との関係の中で考えることが大事だと思います。「目的贈与」や「交換」関係のみに明け暮れ、損得勘定だけに右往左往するような社会にどっぷり浸かっていては、生きづらいことこの上ありません。しかし、かと言って、すべての人間関係や社会関係を「純粋贈与」だけで成り立たせようとすることも困難でしょう。他者に「与える」ばかりでは、自分が生きていくために必要な「受けとる」保障が定かにはならないからです。

とすれば、私たちが楽しく生きていくには、「与える―受けとる」関係が「ほどよく」混在した状態がよいということになるのでしょうか？　過剰にエネルギーを消費し何かを与え続けることに人間社会の本質を求めた二〇世紀フランスの思想家ジョルジュ・バタイユのような論もありますので、「ほどよく」か「過剰」かについては、さらに考え深める価値のある問題です。

ここでは、「与える―受けとる」関係が「ほどよく」混在した状態についてもう少し考えてみます。この状態は、ゆるやかな人生時間の中で、「目的贈与」的に贈与と返礼がてんびんの

図3　贈与と返礼のてんびん

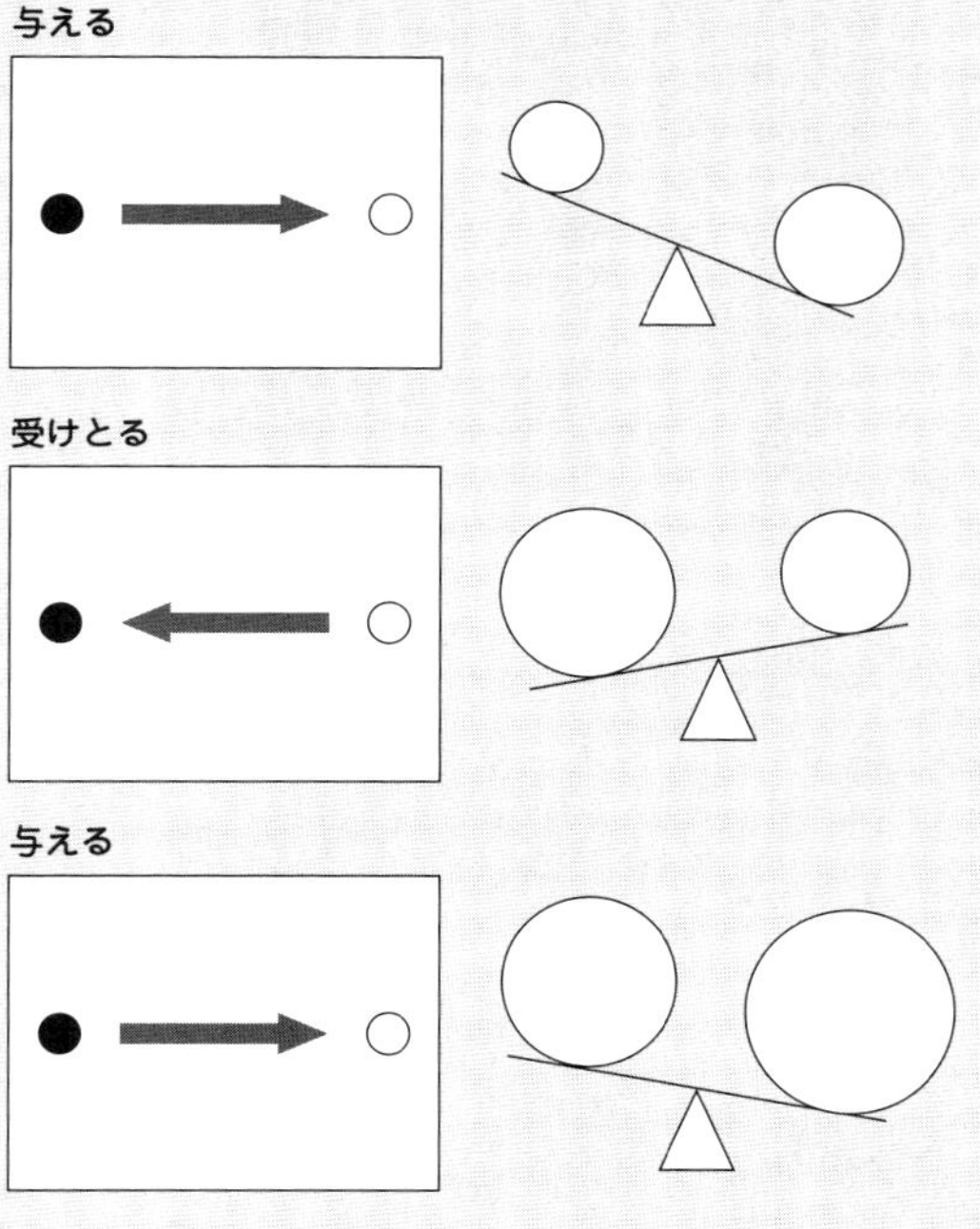

ように動いて、「与える」―「受けとる」を繰り返しながら互いの関係性を深めていくような姿として思い描くことができます（図3）。多かれ少なかれ、私たちはいつも、「与える」人になったり、「受けとる」人になったりして人生を生きているのではないでしょうか。

この「ほどよい」やりとりを**関係のてんびん**と呼んでみることにします。それは、「目的贈与」の関係だけに作用するものではなく、てんびんが一方に極端に傾くような「純粋贈与」の関係にも作用します。また、この関係の中では「目的贈与」も、マネーによる等価の交換とは異なり、与える量（贈与の量）と返す量（返礼の量）が即座にきっちりと同じなることはありません。ここでは「与える」側も「受けとる」側も、両者ともそれが重要なことではないからです。

大切なのは対価の平等性ではなく、「あの人に与えよう」「あの人にお返しをしよう」という気持ちをお互いが持ち合っているかどうかにあります。互いにその気持ちさえあれば、どちらかに何か困ったことがあれば、相手は親身になって助けてくれます。そうした**関係のてんびん**が、お互いの間にある「信頼の気持ち」をふくらませていきます（もし、それをマネーの交換関係に変換すれば、大変高価な「保険」として対価を支払わなければならないかもしれません）。

ですから、**関係のてんびん**はいつもどちらかに傾いていてよく、いつもどちらかが返礼の気持ちを心に留めておくことで、信頼の絆が結ばれているのです。

このような**関係のてんびん**の営みは、かつての農村の共同社会などによく息づいて作用していたと思われます。それは、田植えや稲刈り、葬式など、さまざまな場面で互いに助け合ってともに生きる必要があったからでしょう。しかし、信頼の絆で結ばれたてんびん作用の関係性は、返礼をともなう「目的贈与」によってその絆を強めようとするがゆえに、その絆を結んだ相手とだけしか関係を深めないという、「閉じられた関係」をつくり出してしまう側面も考えられます。

二年ほど前、山形県の農村地域の高校生たちに、卒業後も地元に住みたいかどうかを尋ねたことがあります。すると、その場にいた約五〇名の大半の高校生が、外に出たいと言いました。その具体的な理由は、「雪が多いから」「農業はしたくないから」「したい仕事がここにはないから」「都会で働きたいから」「若者向けの店がないから」などでした。しかし、それらの理由の背景に私が感じたのは、若者たちは一つの共同体内だけの「閉じられた関係」では満足できず、新たな関係をつくる可能性を持った「開かれた関係」を求めているのではないかということでした。そして、これは若者ならではの感情というより、人間だれしもが子どもの時から持っている衝動ではないかとも思いました。

「閉じられた関係」と「開かれた関係」は、私たち人間社会の中に広く見ることができます。たとえば、家族や学校や会社やサークルは、その集団に属する人たちによる「閉じられた関係」になります。これに対して、店やインターネットやイベントや祭りは、だれもがそこに出入りすることができる「開かれた関係」になります。「閉じられた関係」の中では、家族のように信頼できる人たちと安心して助け合って生活することができます。また、学校や会社のような集団では、そこに所属している人たちとともに目的を追求していくことができます。これに対して、「開かれた関係」では、未知の人やモノや情報との出会いによって、自分の新たな興味関心や可能性を広げていくことができます。

図4　「閉じられた関係」と「開かれた関係」

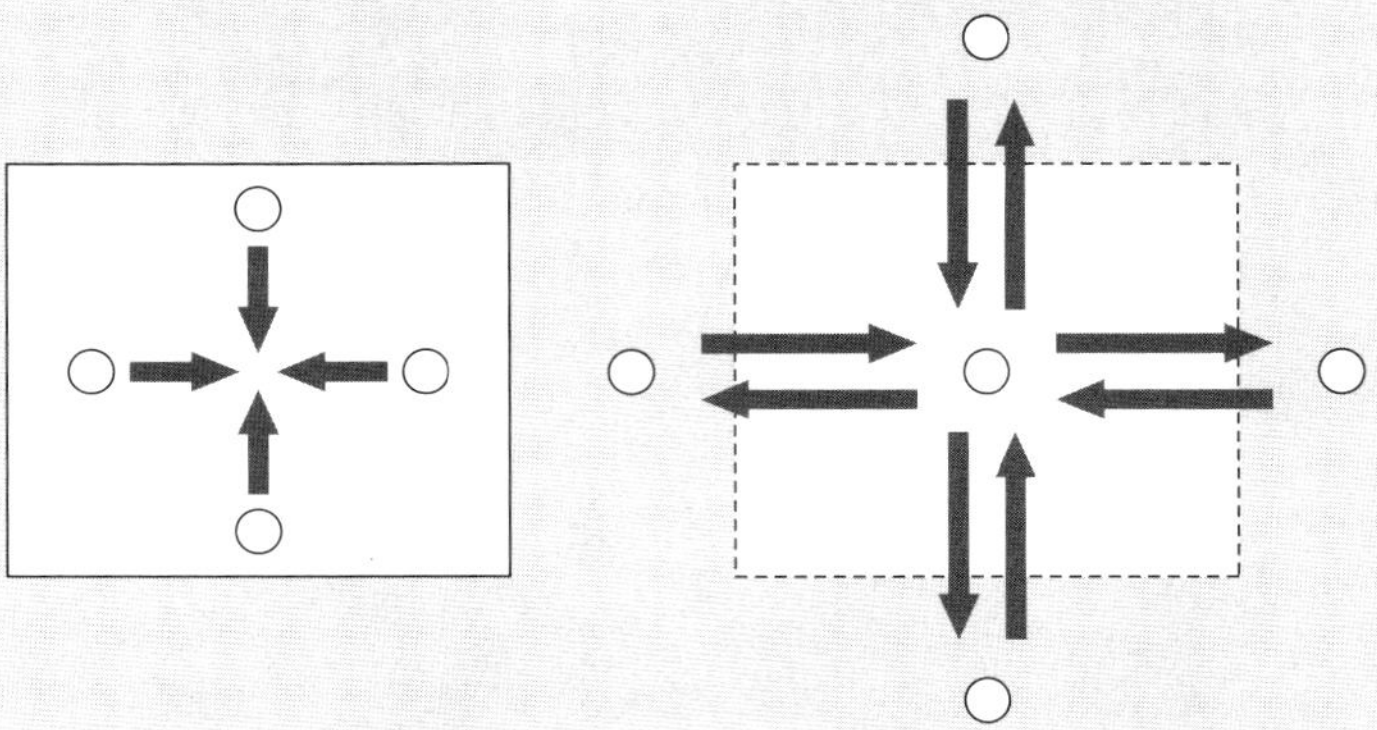

私たち人間は、このどちらの関係も必要としているのではないでしょうか。特に、若者にとっては、「大きな閉じられた関係」の大企業や「小さな開かれた関係」の個性的な店などがたくさん集まっている大都市に、地方にはない関係性の魅力を感じているのではないかと思います。特定の人との「閉じられた目的贈与」の関係だけでなく、あらゆる人との「開かれた純粋贈与」の関係も同時に求めるからこそ、私たちにはさまざまな出会いが生まれ、そこから新たな関係がつくり出されていくのです（図4）。

マネーは世界中の見知らぬだれかと「開かれた関係」をつくる媒介物になりますが、マネーが用いられる世界は等価交換の世界なので**関係のてんびん**は働きません。一方、贈与性を持った**関係のてんびん**が作用すると、信頼の絆を築こうとするがゆえに

「閉じられた関係」がつくられがちになります。しかし、「目的贈与」とともに「純粋贈与」も「ほどよく」行なわれていけば、「閉じられた関係」の中にも返礼を求めない「開かれた関係」を見つけ出すことができるでしょうし、また、人との「信頼関係」は「閉じられた関係」の中だけでなく「開かれた関係」の中にもつくり上げることができるのではないでしょうか。それによって、地方に住んでも都市に住んでも、どこに住んでいても「開かれた関係」と「信頼関係」を同時に築くことができるのではないかと私は考えているところです。

❸ お互い様

では、すべてがマネーの交換関係に収束されてしまいそうな現代社会の中で、「贈与」にもとづく「与える—受けとる」関係を具体的につくり出していくには、どのようにすればよいのでしょうか。

お互いに「与える—受けとる」ことによって恩恵を受け合う関係を、「互恵関係」と呼びます。文化人類学やネットワーク論では、「互酬」ということばでも言われています。一般に「お互い様です」と言う場合がそうでしょう。現代社会では、マネーの交換関係に隠れて見えづらくなっていますが、注意深く見ると、今も「お互い様」関係は、人と人との間に脈々と息づいているように思えます。

ふり返ってみると、これまで私は、この「お互い様」関係による活動の可能性を、余暇活動を通じて試みてきたように思います（中学教師時代、社会的にはその活動はボランティア活動ととらえられていましたが）。最近行なった「お互い様」関係づくりの実践の一つに、農園主と一人の美大生との取り組みがあります。農園主は山ぶどうを栽培して原液ジュースづくりをしていますが、美大生はその製品を包む「箱」（商品パッケージ）の図案を、「お互い様」関係の視点から描いてみることになったのです。

この活動をプロデュースした私は、まず、美大生を連れて農園に行きました。そして一緒に山ぶどうの生育を観察し、栽培の苦労話を聞き、山ぶどうにまつわる民話や地域の風土を調べ、収穫を手伝いました（写真1）。こうして、共同体の一員にいく分なったような感じで、彼は約一年をかけて図案を描きました。それは、時給いくらのお金による交換関係ではとてもできるものではありません（写真2）。

できあがった「箱」は、ビンを保護して運搬する入れ物となりますが、じつはそれだけではありません。このパッケージを「箱の形をした美術作品」（私はこれを**箱型ふるさと絵本**と提案

写真1　工藤農園で山ぶどうの収穫体験をする美大生、秋山伸雅君（当時、東北芸術工科大学芸術学部洋画コース4年生、2006年）と農園主、工藤健一さん
写真2　秋山君がパッケージを描いた山ぶどう原液の商品（「月山の宴」工藤農園、山形県西川町、電話0237-74-3478、2007年）

しています）としてとらえてみると、描いた学生の努力は一つの創作物として多くの人の目にふれる機会になると考えることができます（その取り組みの経過は、私が豆本に書いて、箱の中におまけとして入っています）。

この活動は、契約関係ではなく、**関係のてんびん**が作用する「与える―受けとる」関係にもとづいて試みられました。そして、その過程を通して、次のような新たな関係性がつくり出されました。学生は自分の「技法」と「労力」を農園主に「与える」ことで、自分の描いた作品が社会につながっていく「窓口」を「受けとる」ことができました。一方、農園主は描く「場」とおすそ分けの「気持ち」を学生に「与える」ことで、自分のつくった自家製品がより味わい深く広がる「付加価値」を「受けとる」ことができたのです。

現在、その「箱」はさらに進化を続け、俳句カード（農園主が親しんでいる俳句を紹介したカード）や地域の観光パンフレットなどのおまけも入れた「学びの箱」となっています。また、とれた山ぶどうをジャムや飴にも変容させて、山の幸を詰めた「贈り物の箱」にもなっています（六九頁図12。飴は、できあがるまでの工程を私が工場で記録し、そのメモ通信も飴におまけとして付けています）。人と人、そして人とモノの多様な関係がつくり出すゆとりに満ちたこの「箱」は、これからもさらなる「お互い様」関係を入れながら、進化していくことでしょう。

　前章のテーマであったモノづくりの面から見てみると、「おすそ分け」の心配りを持った「お互い様」関係のモノづくりは、人間関係づくりと連動した新たな商品開発や経済のしくみづくりのモデルとしても着目できるかもしれません。たとえば、店で買ったケーキを人に贈る場合、ケーキの価格には、店の土地代や設備代、人件費、光熱費などがすべて含まれています。しかし、家でつくったケーキを「おすそ分け」する場合には、普通、そうした諸経費は念頭になく、材料費をちょっとやりくりする程度で、余分につくるための労力は贈る相手への気持ちの表われとして私たちは了解しています。そのような日常的な人間関係の営みを経済活動の中に取り入れてみると（近代の経済学はそれらを排除することによって経済学をつくり上げてきたのかもしれませんが）、いくらかのお金と「分かち合い」の気持ちによって、モノと心の両方の豊かさを得ることができるのではないかと思います。

それは、お金を用いない物々交換の世界（**非貨幣**経済：**ノーマネー**エコノミー）に逆戻りすることではなく、マネー中心主義にどっぷり浸かってしまった人間活動の関係性をお互いどうしで少しずつ修復し合い、**非貨幣**（**ノーマネー：NM**）経済と組み合わせた豊かな**混合活動**の可能性を考えることに通じていきます。

先に私は、人間は「とる」ことを本能にしていると述べましたが、「与える―受けとる」関係から見ると、現代のマネー社会に生きる人間は、お金を「とる」ことに強欲になり過ぎているような気がします。全体のお金の量に対して、一部の人がたくさんとり過ぎれば、お金を少ししかとれない人がでてくるのは当然です。そうなった場合にどうしたらいいかを、もし、子どもが考えたとすれば、たくさんお金を持っている人がお金を少ししか持っていない人に「分け与えればいいんじゃないの？」と単純に言うのではないでしょうか。大人に必要なのは、問題を高度にむずかしくすることではなく、むしろ素直な発想からでてくるこうした感覚を取り戻しながら、考えを深めていくことではないかと思います。そして、これからは、社会の制度やしくみもそのような感覚でつくり直してみる必要があるように私には思えます。

現代社会の私たちが考えるべき問題は、栄養のとり過ぎ以上に、「マネーのとり過ぎに注意！」かもしれません。自分でつくった漬物は「分け与える」ことができるのに、お金となると「分け与える」ことができにくくなるのは、お金には蓄財という性質があるからでしょう。社会全体のありさまから見ると、「とる」本能を肥大化させるマネー経済は、**とり合う社会**の様相を強める傾向にありそうです。この過剰なとり合い合戦を調整していくには、「与える―受けとる」という関係性の原理に立ち戻って、人間社会のありうべき姿を再考する必要があるのではないでしょうか。

私は、漬物の分け合いのような**分け合う社会**の様相をどうやったらつくり出していけるのか、その姿かたちを思い描いています。たとえば、十分に高給をもらっている人のボーナスは、その金額相当分をりんごやみかんで支払われるとか？　そうすれば、蓄財はできませんから、どんどん「分け合う」ことが起こるかもしれません。仕事のとり合いではなく、仕事の分け合い（ワークシェアリング）の原理も、このような感覚から生まれてくるように思います。

そう考えてみると、マネーを介さない**ノーマネー**のやりとりは、私たちにマネー中心主義では得られない人と人との関係を再発見させ、その関係性を生き生きと活性化させてくれるように感じます。そして、そのような関係性の輪の広がりは、現在の資本主義を超えた新たな社会のしくみづくりにもつながっていくかもしれません。

先に、駄菓子屋がなくなり、現代の子どもたちは「分けっこ」体験が少なくなっていると述

写真3　ふるさとの産物を持ち寄っての「分けっこ実験」（東北芸術工科大学「こども芸術教育概論」2008年）

べましたが、「分け合う」豊かさは体験することで実感されます。私は大学の授業で、若者たちに「分け合う」豊かさを実感してもらう「社会実験」をしています。これは、夏休みや冬休み明けの授業で、ふるさとに帰省した学生たちがそれぞれ自分のふるさと（自宅から通う学生は自分の地域）にまつわるモノ（菓子や観光パンフレットなど）を持ち寄り、それらをみんなで分け合いながら、お互いのふるさとを語り合うというものです（**写真3**）。

この「持ち寄り・分けっこ実験」では、「人間の集団活動においては『一＋一は二より大きくなる』と感じることができる」という命題を出して、それをこの体験で実感として検証してみる学習も行なっています。さて、その結果は？　手軽に楽しく（おいしく）できますので、みなさんも仲間とぜひ「実験」してみてください。

現代社会に生きる私たちにとって、モノをお金で買うことは当たり前になっていますが、ここまで述べてきたように、人と人との関係は何も「交換」の関係だけで成り立ってきたわけではなく、「贈与」的な関係によっても培われてきました。「贈与」的な人間関係の原理に返って、それも当たり前にしてみると、「お互い様」関係から創造的な活動を生み出していく可能性は、身近なところにもまだまだたくさんあるのではないでしょうか。

4 二重性

「与える―受けとる」という「向かい合う関係」は、二つの主体を両極にして、状況に応じて両者が常に近づいたり離れたりしている有機体のように描くことができます（図5）。この動きは、たとえば、生産者と消費者の関係のように、両者が反対の立場にある時によくわかります。

生産者は、生産物をできるだけ「高く売りたい」と願います。しかし、消費者はそれをできるだけ「安く買いたい」と思います。一般的には、商品の価格は反対の立場に立つ両者の関係性によって決められます。中学校の社会科の教科書には、価格は生産者の供給量と消費者の需要量の曲線が一致するところで決まり、その関係がずれれば、商品が余ったり不足したりして商品の価格が変わっていくと説明されています（図6）。実際に私たちは、店頭に並ぶいちごやすいかの価格などで、その関係性を日々実感しながら暮らしてます。

図5　向かい合う関係

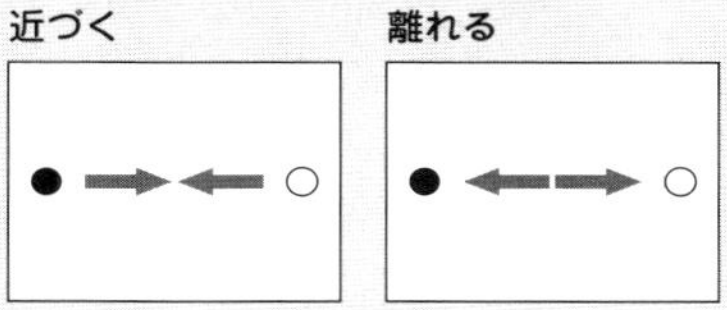

図6　需要と供給の関係

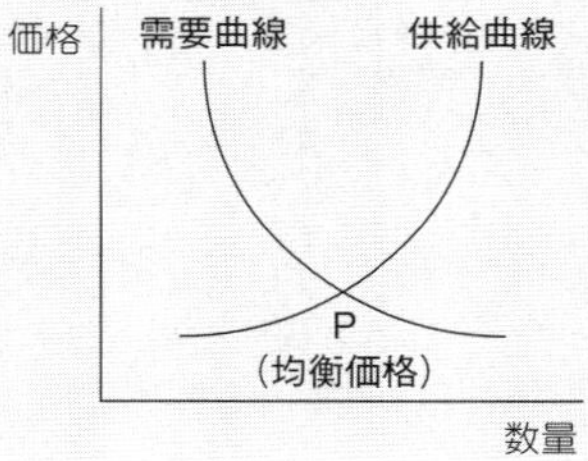

禅宗に「啐啄《そったく》同時」ということばがあります。「啐」は、卵の中で鳥の雛が鳴く声をいい、「啄」は、親鳥が孵化を助けようとその殻を外からつつくことをいい、これが同時になされれば殻は割れることから、このことばは生まれてきたそうです。師匠がさとし弟子がさとるタイミングにもたとえられますが、これも二者が一致点を求め合う関係性です。

私たちは、子どもの頃から「相手の立場になって考えなさい」と大人からよく言われて育ってきましたが、考えてみるとこれはじつにむずかしいことです。今思えば、そのように教えさとした大人自身が、相手との距離関係をつかむのに苦労したり悩んだりしていたのではなかったのかと、自分が大人になって初めてわかるような気がします。

たとえば、Ａさんがすいかをつくる農家だとします。Ａさんは、自分がつくったすいかが高く売れてほしいと願っていて、これ以上安く売ったら生活が苦しくなる価格もわかっています。一方でＡさんは、自分が欲しいパソコンを買おうとする時には、家電量販店をまわってできるだけ安くそれを求めようとします。でも、もし、パソコン製造会社がAさんのようにより安い商品を買い求めたいとする消費者に対応しようとして、工場で働く労働者の人たちをできるだけ安い賃金で雇っていたらどうでしょう（ハケンのしくみはまさにそれによります）。

この時、Aさんは、パソコンを組み立てる労働者の姿に、すいかをつくる自分自身の姿を重ねることになります（重ね合わせて考えると矛盾に苦しむので、その関係性の思考を断ち切っている人の方が多いかもしれませんが）。中学校で学んだ需給曲線の関係性が示す現実のありさまがここに浮き上がってきます。パソコンの供給量が増えて価格が安くなっても、一方でそれを喜ぶことができない人を大量に生み出しているのですから。相手の立場になって考えると は、相手を鏡にして自分自身を考えることでもあるようです。

パソコン工場の労働者の話を企業内の関係性の視点から見てみると、今度は働く人と雇う人の労使間の問題になります。先に述べたように、会社の経営者は、労働者にできるだけ安い賃金で働いてもらうことで製品を安くしようと考えます。これに対して、働く人は自身の生活のために安定した高い賃金を求めます。この反対の関係性の中で一致点を見出すことはできるのでしょうか？　あまりに両者の意見がかけ離れている場合には、一九世紀アメリカの作家マーク・トウェインが書いた『王子と乞食』のように、実際に反対の立場になって、お互いを考えてみることも必要かもしれません（そうすれば、マネー経済を成り立たせている社会のしくみ自体も変わっていくきっかけになるかもしれません）。

一八世紀、『国富論』によって自由な市場経済活動の世界像を描いたイギリスのアダム・スミスは、もともと大学では道徳哲学の教授でした。『国富論』を手がける前に出版した『道徳感情論』（大学の講義をまとめたもの）の冒頭には、「人はどんなに利己的であっても他人の気持ちに同感する感情がある」ということが述べられています。そもそも経済活動も、お互いの気持ちを思い合うことが根本原理なのでしょう。

私が発案して山形のメリヤス工場にあつらえた世界地図柄のセーター（地球セーター）は、世界の国々の名前と位置を覚えるための「着る学習教材」としてだけでなく、「向かい合う関係」や「反対の関係」というものを楽しみながら考えるための遊び着としても着用することができます。次頁写真4の「さかさまセーター」は、向かい合って見ている人にとっては「さかさま」ですが、着ている本人から見ると「正しい」向きになっています。つまり、着ている人にとっての「学習セーター」です。これに対して、見ている人にとっては写真5の図柄が「正しい」向きの「学習セーター」になりますが、これは着ている本人にとっては「さかさまセー

＊地球セーター…20着単位で製造し、毎回、色・形が変わります。
（「松田メリヤス」山形県村山市、電話0237-54-2536）

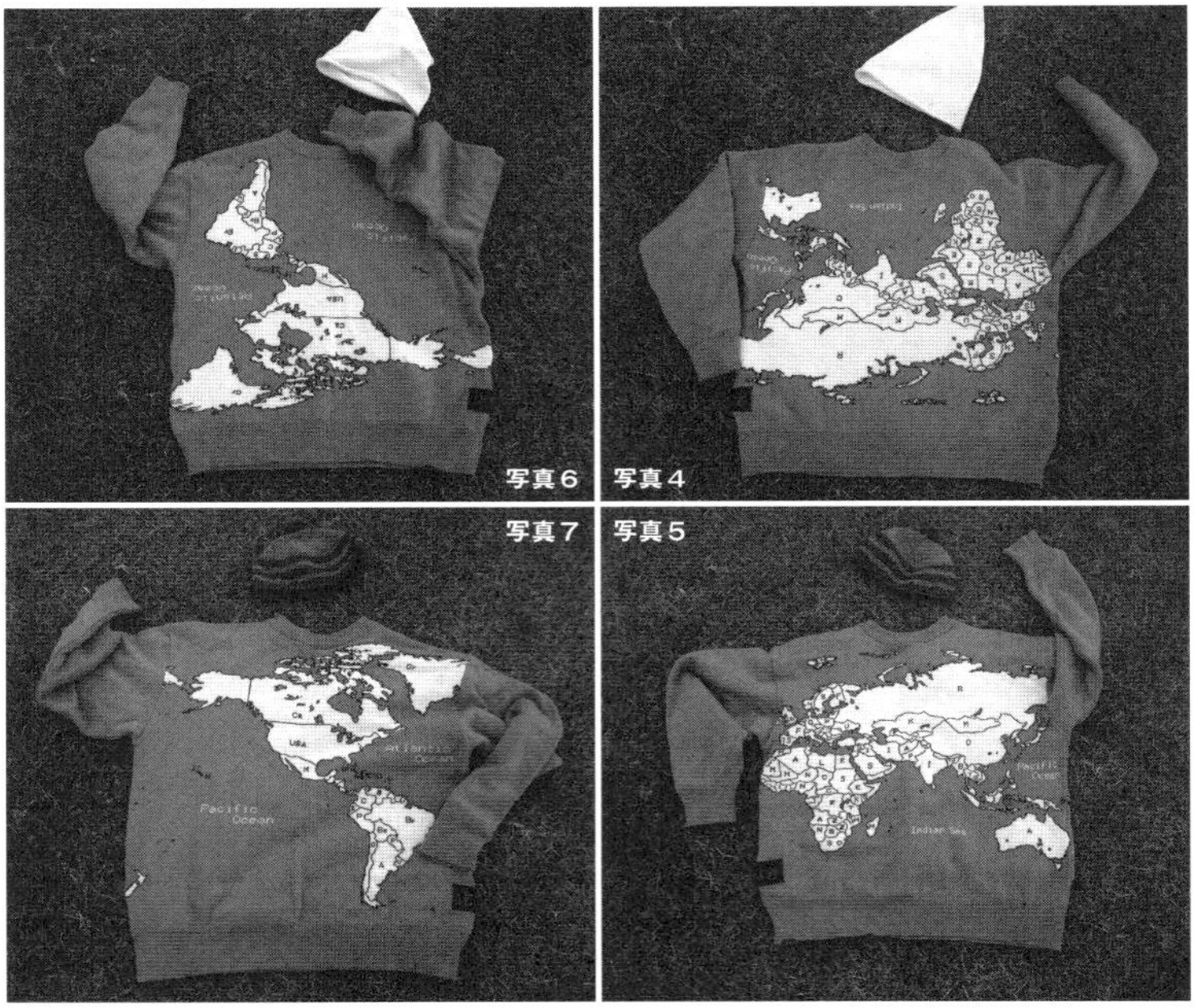

写真6　写真4　写真7　写真5

写真4　地球セーター（さかさま版）／**写真5**　地球セーター
写真6　地球セーター（さかさま版）の反対面／**写真7**　地球セーターの反対面

ター」です。

ちなみに、この地球セーターは、いずれも前・後のない首まわりのカットになっているので、両面が異なる半球分の図柄を自由に着回すことができます（**写真6・7**）。この二着のセーターのオチは、そもそも地球自体の姿に「さかさま」や「裏オモテ」はなく、「どのように描いてもどこから見ても、地球は一つです」というメッセージで終わります。

ついでにもう一つ、モノにメッセージを込めた考案物を紹介します。私の人生訓をせんべいの焼印に押した「人生勉強せんべい」です。私の人生訓は近江商人《あきんど》の理念「三方《さんぽう》よし」（売り手よし　買い手よし　世間よし）からヒントを得た「社会よし　相手よし　自分よし」（この順序は優先順位）ということばですが、このせんべいは山形市内のせんべい職人にあつらえてつくってもらっています（写真8）。こちらのオチは、「人生勉強の場は、教室の机の上ではなく、人とのお茶飲み話の中にあります」です。おそまつ様でした。

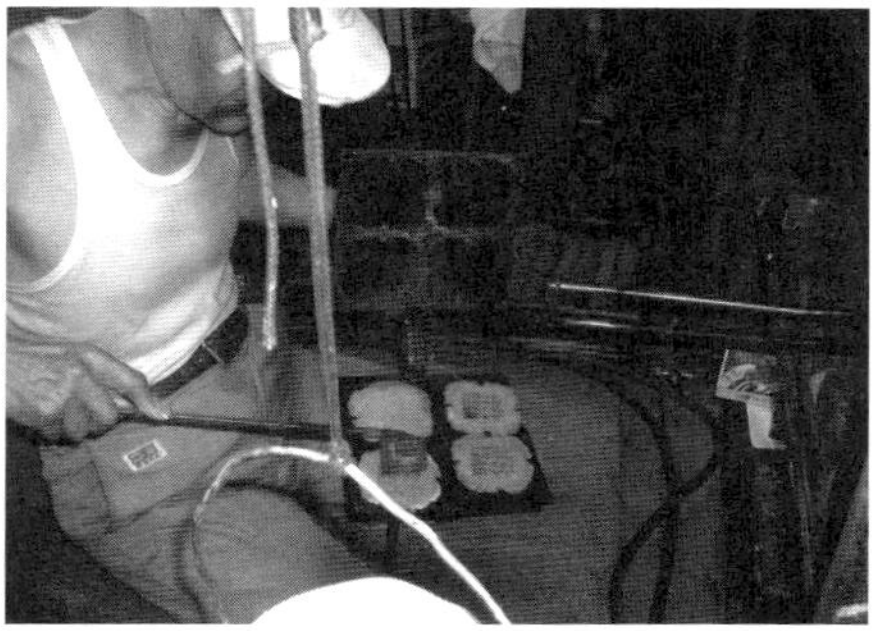

＊どんなせんべいかは、見て食べてのお楽しみ！
（「すみたや」山形市、電話023-622-6921、2007年）

写真8　「人生勉強せんべい」を焼いている五十嵐昭夫さん

余談はこのくらいにして、ともかく、反対の立場にある両者がお互いに歩み寄って、互いの意見を尊重し合ったり合意を得るというのは、じつに大変なことです。意見の違いを認め合えなくなれば、背中合わせになったり、対立したりします。仲のよかった恋人どうしが通じ合えなくなることもありますし、対立する国家間なら戦争にも発展します（現在も、世界中いたるところで紛争は起こっています）。

そこで、この二極の間をもう少し吟味して整理してみます。

人間関係で生じる感情を「友好」「片思い」「迷惑」「対立」の四種類に分け、さらにそれぞれの中身を四つに分けて、自分と相手の関係のありようを「関係性の矢印（ベクトル）」で表わして

図7　人間感情マップ

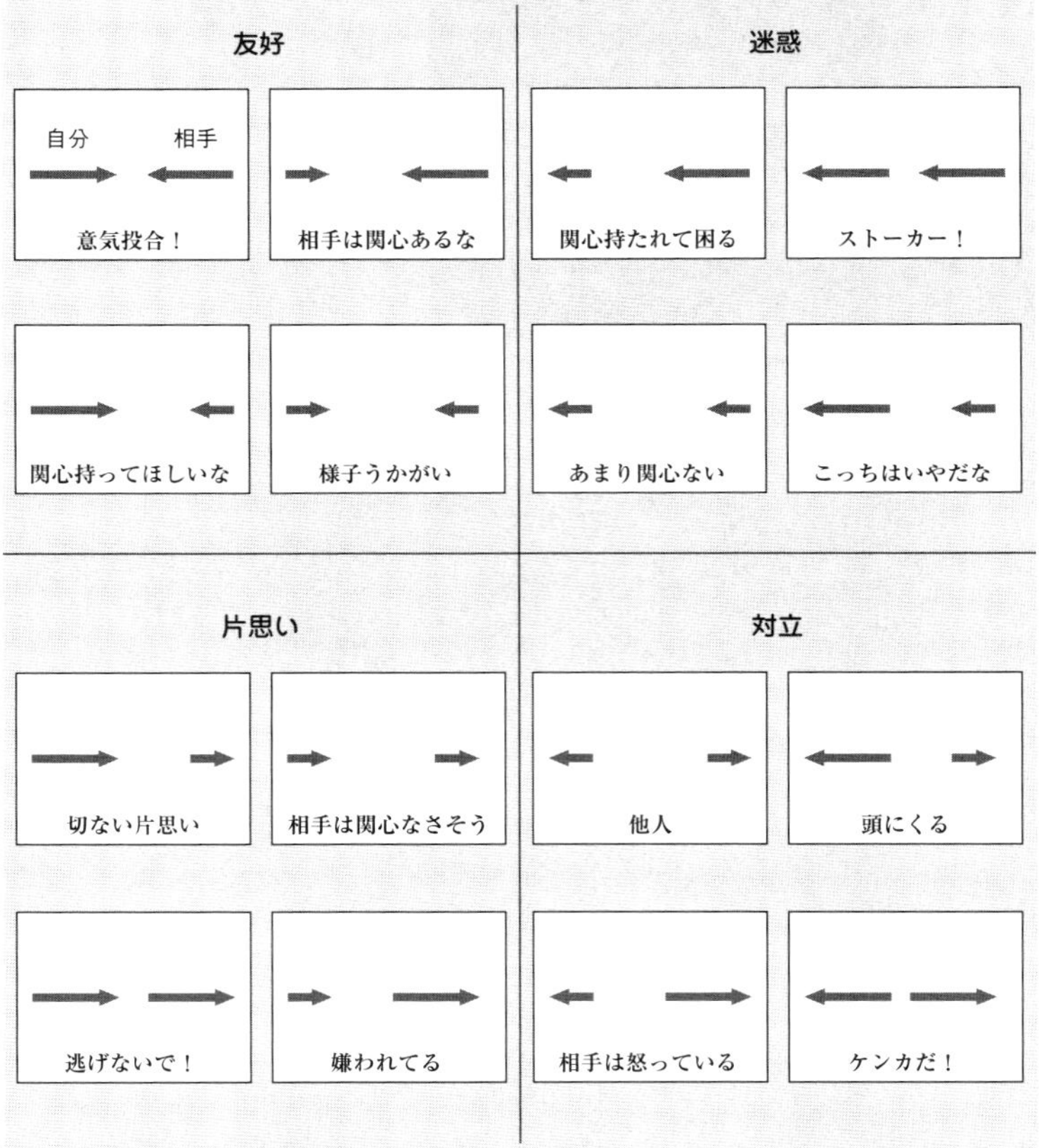

【関係性の矢印（ベクトル）の８パターン】

自分（相手）

自分（相手）は相手（自分）にやや肯定的（否定的）な関心がある
自分（相手）は相手（自分）に強い肯定的（否定的）な関心がある
自分（相手）は相手（自分）にやや否定的（肯定的）な関心がある
自分（相手）は相手（自分）に強い否定的（肯定的）な関心がある

みたのが合計一六の**人間感情マップ**です（図7）。各マス内の左側の矢印は自分、右側の矢印は相手を表わします。また、矢印の長短は感情の強弱を、矢印の向きは感情の方向を表わします。こうして見ると、最も単純な「私とあなた」の二者関係でさえ、こんなに微妙な感情を生じさせながら変化しているのです！

自分にしても相手にしても、だれでもよりよい関係がつくられることを望んでいます。そうした関係をつくっていくには、「関係の姿」を大局的にとらえて、相手のベクトルの変化を感じながら状況に応じて自分のベクトルを変えたりして、相手と接することが大切だと思います。もちろん、そのような態度は、だれもが日常生活の中で知らず知らず体得しているのでしょうが、「人間関係がうまくつくれない」とか「人づきあいがうまくできない」ということに悩んでいる人がいるとすれば、この**人間感情マップ**を手がかりに、自分と相手との関係性をもう一度確かめてみるのはいかがでしょう（ケータイのメールで多彩な「顔文字」が産み出されているのも、「関係性の矢印」を伝え合おうとする表われかもしれませんね (^_^))。

たった二人の関係性から生まれる様相をふり返るだけでも、私たちは、まるでドラマの場面のように、さまざまな感情が共鳴したり、ぶつかり合ったりする人間社会の多様な営みの基本的性質を思い描くことができそうです。そして、その「関係性の矢印」の真ん中に「私」を置いてみると、「私」がその中でどのような性格を帯びてくるかも想像することができるように思います。それは「私」に正・負の両面の影響を与えるものかもしれません（図8）。

図8　私に働く二重性

関係性	正の面	負の面
➡ 私 ⬅	異文化の混合	二重拘束（ダブルバインド）
⬅ 私 ➡	両義性、両生的、ホロン	統合失調症

　コーヒーにミルクが溶け合うようにして異なる二つの文化が混ざり合う様相は、一人の人間の中にも人類史の中にも見出すことができます。しかし、異なる二つのものが水と油のように混ざり合うことなく、分離したり対立したりしながら「私」の中で作用し続けると、「私」は（それを望んでいないにもかかわらず）、「私」の中にいる二人の自分のどちらの言い分を聞いたらいいかわからなくなって身動きのとれない状態になります。二〇世紀アメリカの文化人類学者グレゴリー・ベイトソンは、この状態を精神病理の要因として二重拘束（ダブルバインド）と呼びました。

　現代社会は、あらゆる次元で相反する作用が「私」を引き裂き、統合失調症的な状況を生み出しがちになっているように思われます。だからこそ、子ども心にかえって粘土をこねまわすような感覚で何かをつくることに試行錯誤し、それ自体を楽しみながら、「私」自身をゆっくりとつくり上げていくことが求められるのではないかと思います。それが、私が**ボランチャー**（三五頁）と呼んでいる活動です。

一方、こうした二重性を持つことは、「両義的」（アンビヴァレント）、「両生的」という性質にもなります。たとえば、二〇世紀の科学思想家アーサー・ケストラーは、「ホロン」という造語をつくりました。これは、二つの顔を持つギリシャ神話の神ヤヌスをモデルとした概念で、部分と全体の性質を併せ持った様相を表わすことばです。また、このような二つの立場を内包しながら、これからの生き方を考える手がかりとしては、未来学者アルビン・トフラーが唱えている「生産消費者」（自分の消費のために生産する人など）という概念もあります。

これからの社会では、直接対面（生身の対面）と間接対面（メディアを介した対面）を上手にミックスした両生的なコミュニケーションの在り方がますます求められていくでしょう（三八頁）。また、先のたとえ話に戻れば、「月給はお金で、ボーナスはりんごやみかんで」のようなマネーと非マネーの組み合わせなど、相反する二つの性質を融合・混交させることで、人と人との分離・対立状態から生じる弊害を克服しようとする活動も、いろいろな面から試みられていくのではないかと思います。

教育の面では、他者に教えながら自らも学ぶ**教育学習者**という二者合一的な姿も考えられそうです。この原稿をまとめている時、私は週四日ほど半年間、留学生のためのホームステイハ

写真9　国際交流ホームステイ「遠藤ハウス」での食卓風景（杉並区、電話03-3316-7219、2008年）

図9　「包む—包まれる」関係

ウス（東京・杉並区）に住んでいました。ここでは、世界各国からやって来た外国人留学生と日本人ファミリーとの間で、温かく柔らかな**教育学習関係**による異文化交流が毎日の食卓で営まれていました（写真9）。いろいろな国からやって来た人と同じ屋根の下に暮らすというのは特殊な経験でしたが、この経験から身のまわりをあらためてふり返ってみると、じつは他者というのはだれもが「私」にない「異文化」を持っていて、互いに「教えつつ学び、学びつつ教える」行為は日常生活の中でだれもが行なっていることに気づきました。

私たちにとって、「二重性」の関係の始原の姿は、母親の胎内にいた時の「包む—包まれる」関係の中に認めることができます（図9）。これは、母親を主語にすれば「包む」関係で、胎児を主語にすれば「包まれる」関係です。この関係性はあらゆる生命的な営みを象徴するものであり、それはすなわち、「私」と「私を存立させている環境」との関係性を象徴するものになります。

日本語の「育む―育まれる」ということばが、親鳥が雛を羽で包み込んで育てるさまを表現した万葉時代の「羽ぐくむ―羽ぐくもる」に由来していることも、この「包む―包まれる」関係を物語っているようです。また、そもそも古代中国文明の象形文字である漢字の「育」の字は、子どもが頭を下にして生まれてくる姿を表わしたものです。これは、「包む―包まれる」という胎内の関係が外に産まれでてからも「育む―育まれる」関係としてつながっていることを表わしているように思われます。

「包む―包まれる」関係は、衛星放送によってだれもが地球の姿を目にすることができるようになったことで、「私たち人間は胎児にとっての母胎と同じように、地球に包まれて生きている」という意識さえ生み出しています。こうした意識もまた、母親が健康でなければ胎児も育たないように、地球環境が健全でなければそこに住む生き物たちも生きてはいけないということを「二重性」の関係でとらえたものと言えそうです。

昔のことですが、この関係性の原理を応用して新たな活動をつくり出した人がいます。古代ギリシャの哲学者ソクラテスです（ソクラテスは自分の考えを文字に書き記していませんので、ソクラテスの考えは、おもに弟子のプラトンの著作によって知られています。ですから、ソクラテスの考えといっても、それはプラトンが自分の考えを作品中のソクラテスに語らせたのかもしれませんが…）。

ソクラテス　おや、それでは、おかしいねえ、君は聞いていないのか、僕の母親のパイナレテは大へん由緒のある厳しいあの産婆のひとりだということを。

テアイテトス　いいえ、そのことなら聞いたことがあります。

ソクラテス　では僕がこの同じ技術の専門家だということも果たして君の耳に入っているだろうか。

田中美知太郎訳「テアイテトス」（『プラトン全集2』岩波書店、一九七四、一九八頁）

＊ソクラテスの言う「技術」の意味については次の第三章で述べることにします。

ソクラテスの母親は産婆（今でいう助産師さん）でしたが、ソクラテスは、産婆の技術を「相手の考えを引き出す」という対話の方法論に転用させて、独自の対話術を生み出したのです。この対話術は「産婆術」と呼ばれています。それは、母胎から胎児を引き出すのと同じようにして、相手の中にある考え（本人が意識していなかった考えも含めて）を引き出す問いかけをしていくものです。

ソクラテスは若い頃、石工（彫刻家）であった父の仕事も手伝っていた時期があるようです。父母の影響という意味からすれば、彼は母の仕事から着想した対話の方法を父の仕事のように形あるもの（産婆術）につくり上げた、というふうにまとめることもできるでしょう。

この話を「こども芸術教育概論」の授業で紹介したら、学生の一人が「ソクラテスと対話をしてみたい」という感想を書きました。もちろん、本当のソクラテスと対話することはできませんが、ソクラテスの対話術を学んで、互いにソクラテスのように対話を楽しむことはできそうです。「教育」を表わす英語「エデュケーション education」の語源はラテン語の educere ですが、これは「外へ引き出す」という意味です。ソクラテスの「産婆術」はそれを体現していたのかもしれません。

「外へ引き出す」とは、胎児を母胎から外界に引き出すように何かを新しい環境世界に連れ出すことを指します。とすると、人と人とがお互いに何かを「引き出し合う」というのは、雛《ひな》と親鳥が行なうように、「私」と「あなた」が互いに呼応しながらお互いの「思考の殻」を外へ外へと破り、「新たな世界観」となるような「新たなものの見方・考え方」をともに開拓していく姿にも見えてきます。

そのように想像してみると、それぞれが持っている「思考の殻」は互いに育て合うものであり、その思考の全体は玉ねぎのような形を持つ世界として描くこともできそうです（図10）。「私」が「新たなものの見方・考え方」を生み出すことができるのは、「産婆術」のように、外に出ようとする「私」の思考を引き出してくれる「あなた」がいることで可能になるのです。

図10 「玉ねぎ的世界」

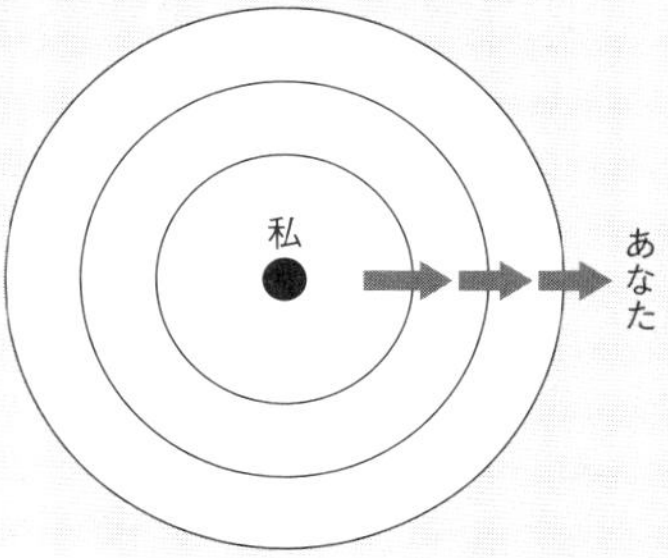

5 タテ・ヨコ・ナナメ

一般に、私たちが学んだり働いている学校・会社・役所などの社会集団は、基本的にタテ関係とヨコ関係によってつくられています。タテは上下関係を軸とする組織活動、ヨコは共同関係を中心とするグループ活動というふうに。しかし、私たちの社会生活をよく見ると、そうしたタテ・ヨコ関係ばかりではないことに気づきます。タテでもヨコでもない、ナナメの関係とでも言えるような関係性を見出すこともできます。それは、タテやヨコのように、しっかりとした関係図をつくっているわけではありませんが、そこにはタテ・ヨコ関係にはない独特の世界があります。タテ・ヨコ・ナナメ、それぞれの関係性が持つ特色について考えてみます。

① タテの関係

タテの関係とは、上の立場の人が下の立場の人に指示したり、命令したり、教えたりするような上下の関係です（図11）。「包む―包まれる」関係が母性的な原理であるとすれば、こちらは父性的な原理と言えるかもしれません。二〇世紀初めのスイスの心理学者ユングは、やさしさ・受容・保護といった性質のある母性原理を「包む」原理と表現し、厳しさ・規律・鍛錬といった性質のある父性原理を「切る」原理と表現しました（そう言えば、イソップ寓話「北風と太陽」も、北風は父性、太陽は母性ととらえることができそうです）。

古くから人間社会では一般に、女性は家の中で家事を行ない、男性は外で働くことが当たり前のように思われてきました。その意味では、外の社会は父性原理にもとづいているとみることもできます。ユングの「父性＝切る」原理からすれば、父性原理によるタテ社会の姿は、役割や立場ごとに人々を区切り上下の関係性を積み上げていく階層構造の形で表わすことができます（次頁図12）。組織論や経営論では、このような構造の上位に立つ人の心構えをリーダーシップと呼んでいます。リーダーシップが発揮されなければ、組織の上下関係はうまく機能せず、構成員の関係性はぎくしゃくしたものになるでしょう。

図11　タテの関係

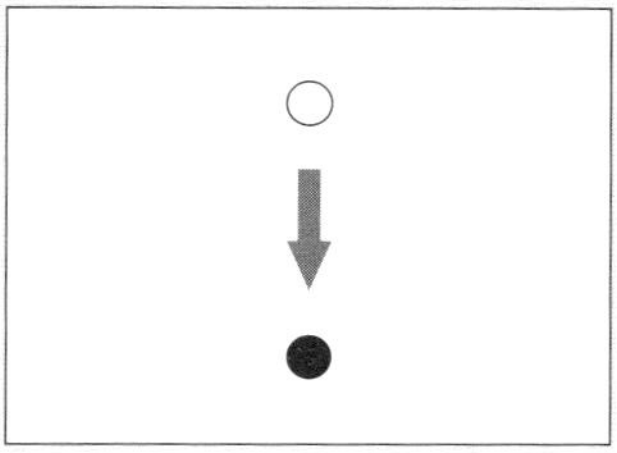

図12　階層構造

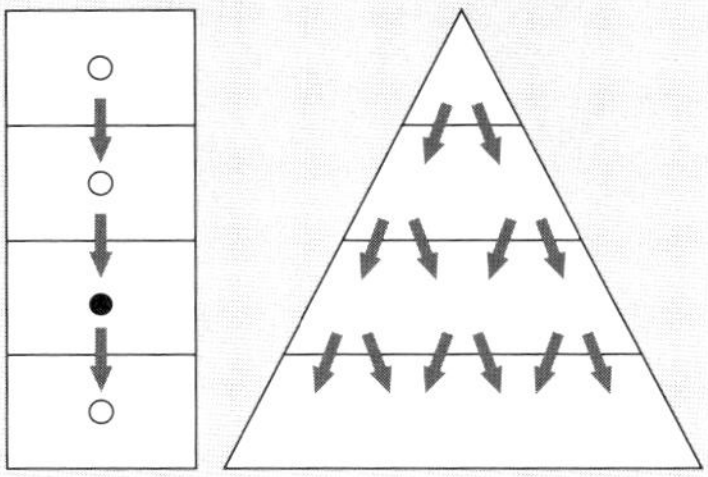

徒弟制の師匠と弟子、会社の上司と部下、学校の先生と生徒、部活動の先輩と後輩など、上の立場の人が下の立場の人に経験・知識・技術を教え伝えていく社会的につくられたこうした上下関係は、人類の文化的営みを確かに伝承させて、集団生活を維持発展させていく活動として、重要な関係と言えます。その関係がうまく働くには、しくみだけでなく、上の人は下の人に慈愛の心で接し、下の人は上の人に敬いの気持ちを持つ（あるいは、上の人は下の人から敬われるような心を持ち、下の人は上の人から慈愛の心を持たれるような態度を持つ）ことが必要だと思います。しかし、現代の組織社会では、このような対面的な感情を育て合う関係性を軽視して、組織体の効率性を重視するあまりに、上から下へ下へと向かう次のような「管理」の方法が強化されているように感じられます。

学校では、学年主任が担任教師を管理し、担任教師が生徒を管理する。

会社や役所では、部長が課長を管理し、課長が部下を管理する。

人と人が感情を育み合うことなく、このようなしくみだけで人間関係がつくられていくのであれば、それは、人間のための組織ではなく、組織のための人間をつくることになってしまいます。タテ社会の組織の中にあっても、人間としての感情を育み合う上下関係をつくり上げていくことが大切なのではないでしょうか。

現代の社会では多くの女性もさまざまな職業に就いています。組織自体が父性原理によって機能しているので、なかなか自覚されないかもしれませんが、男性と女性が同じ社会の中で協働していく視点から見ると、あらためて父性原理と母性原理を再考して、タテ社会の在り方を見直すことも必要であるように思います。世の中みんなが父性的にふるまって、社会が「切る」原理を強めれば強めるほど、私たちは逆に「切られる」不安を抱えてストレスをため、本当に「キレ」てしまうことだってありうるのですから。一方、家庭の中で「母性＝包む」原理が過剰に働けば、子どもは過保護に甘やかされ、厚く包まれた「殻」を突き破って外に出ることができなくなる心配も考えられます。

外の社会でも家庭の中でも、父性原理と母性原理がうまく調和するにはどうすればいいのか、老若男女が集まって、みんなで考えてみる必要がありそうです。

図13　横並びの関係

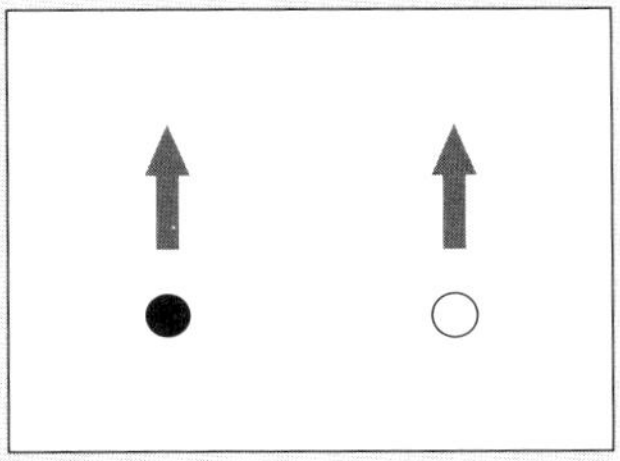

② ヨコの関係　次に、ヨコの関係とはどのような姿かたちを持っているのか考えてみます。「横並び」ということばがあるように、ヨコの関係は、上下の差をつけずに、いつも並んで対等な関係を保っているような状態を指します（図13）。言うなれば、向かい合う「フェイス・トゥ・フェイス face to face」の対面関係ではなく、お互いに椅子に並んで座っている「サイド・バイ・サイド side by side」の関係です。

このような関係は、仲間や友だちとの友情関係に象徴されます。横に並べば、対面関係が醸し出す緊張感もほぐれ、互いにリラックスして語り合うことができるでしょう。また、電車の座席のように横に並んで座る配置は、隣の他人とでも違和感はありません。

そういう意味では、「横並び」は一種の安心感をともなう平等の原理とも言えますが、社会集団の中では、「法のもとの平等」が独り歩きするような感じで、集団の秩序をつくるために平等に「横並び」させることもあります。人は一人ひとり個性があるので、自由な状態であればみなが横に一列に並ぶようなことはないでしょうが、そういうばらばらな状態では組織としての集団活動が成り立たないとみなされてしまうのです。

教室や体育館で児童生徒が整然と横に並ぶのは、「学校のもとの平等」として先生が並ばせるからであり、入社式で新社員が整然と横に並ぶのも「会社のもとの平等」として会社が並ばせるからです。このような社会組織の中でつくられるヨコは、タテの上下関係がつくっているヨコであり、タテ・ヨコの集団的秩序のためのヨコだと言えます。

タテ関係を背後に持つヨコ関係で横に並んでいる人は、タテの上下関係を意識して、現在のヨコから少しでも上の位置のヨコに行きたいと思うかもしれません。自分を高めたいという向上心から上をめざすのはよいことでしょうが、昨日の自分ではなく横にいる他人と比べることは、「隣はみなライバル」という過剰な競争心を煽《あお》ってしまいます（組織活動ではよく使われるやり方ですが）。

仲よく助け合う仲間だったはずなのに、いつの間にか互いに蹴落とし合うような競争関係になっていたりすることは、学校やスポーツクラブ、会社など、目的志向の集団では見え隠れしがちです。そのため、そうしたタテの上下関係がつくるヨコを嫌って、はじめから「横並び」に参加しない人や「横並び」から抜け出す人もいます。それもまた自然なことでしょう。

人はそれぞれ個性を発揮することが望ましいと言われますが、先に述べたように、多くの人で構成される組織集団では、はじめにそれぞれの個性を尊重してしまえば全体を統率することがむずかしくなると思われています。そこで、各人の個性はひとまず脇に置いて、均質で均等な集合体として人間集団をとらえようとします。「生徒」「社員」「団員」「住民」「市民」など、個人名ではなく集合名詞で個々人を括《くく》ってしまう場合がそうでしょう。

しかし、実際には、たとえ型どおりに集団活動をしているように見えても、人はそれぞれの人となりがどこかに表われます。ですから、均質・均等に人を並べたところで、集団には自然にねじれやゆがみといった変化がでてきます。これが人間社会のおもしろさだと思うのですが、社会の中にそれを許容する心がなければ、異質な人を排除したり、はみ出す人を監視したりして、全体を管理し合う雰囲気のタテ・ヨコ関係になってしまいます。ねたみやイジメなどは、そのような環境から起こるものかもしれません。はたして、個々人の違いを個性として認め合いながら、社会集団の秩序も同時に両立することは可能なのでしょうか？　もう少し考えを深めてみます。

図14　協力し合う関係

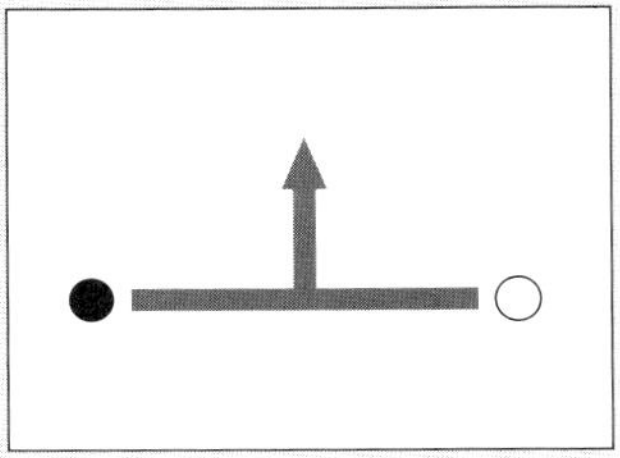

横に並んだ二人は、「協力し合う」関係をつくることもできます（図14）。私たちは「協力し合う」ということばを気軽に用いていますが、実際に協力し合う光景を私たちは身のまわりでどれくらい目撃しているでしょうか。そもそも、「協力し合う」とはどのような

ことなのでしょうか。

先に述べたように、目的追求の社会集団では「隣はみなライバル」という競争原理が働きがちなので、「協力し合う」ということばの周囲には「競い合う」ことや「対立する」といった落とし穴も潜んでいます。もしかすると、私たちは、どこで足をすくわれるかわからない湿地帯の中を歩いているような状況で「協力し合う」ということばを安易に用いているのかもしれません。私たちが社会生活の中で互いに自分を生かして活動していくには、この「協力し合う」ということばの意味をあらためて問い直す必要もありそうです。深く思考するということで言えば、それは「協力の哲学」について考えることを意味します。

「協力し合う」とは、互いに人の力を借りて活動することです。「みんなで何かをする」という意味では、「共同活動」とも呼ばれます。「共同活動」には二つの場合が考えられます。一つは、一人で持ち上げられないものを二人で持ち上げるような場合、もう一つは、お互いに異なる力を合わせて一つのものをつくるような場合です。

前者は、そのまま三人、四人と増やせばその分、合計の力が増えていく集団活動になります。それに対して、後者は、それぞれの役割を分担して組み合わせる「分業」の原型になります。たとえば、一人が作詞をし、もう一人が作曲をして、一つの歌をつくるようなことです。このような協力のし方は、お互いの持ち味を合わせて異分野を融合させる活動となり、コラボレーションという言い方もされています。どちらの場合も、協力関係が成り立つには、「これは、自分一人ではなく、あなたといっしょにやったからできた」という共感性が必要でしょう。

協力関係は、一人で頭の中に描けばつくれるようなものではなく、具体的な生身の活動によってその意味が体感されます。「協力し合う」関係を築くために最も大切なことは、何よりもまず、「協力し合う」ことの喜びを感じる感覚を磨くことかもしれません。私たちは、「協力感」を味わう体験をし、その喜びを実感することによって、「協力し合う」とはどのようなことかを自分なりにつかむことができます。友情も、そうした体験からつくられる絆だと思います。

人生の中で最も身近な協力関係の縮図は、もともと「赤の他人」だった二人が毎日をともに暮らすようになるカップルの関係でしょう。結婚は、その人とともに互いの人生を意味あるものにしていこうとする「協力し合う」関係の最小単位の一つです。そして、このような二者の協力関係は人間にだけ成り立つものではありません。生き物はそれぞれの種固有の環境世界に生きていると唱えた二〇世紀初頭のドイツの生物学者ヤーコプ・フォン・ユクスキュルは、生き物の世界においても二者の協力関係はいたるところで営まれて、豊かな世界がつくり上げられていることを、次のような文章で表現しています。

「タンポポの花はマルハナバチにぴったりの餌場を提供し、ハチはタンポポの花に必要なことを補ってやるのである。見渡すかぎり、どこにでも二つのものが組み合わせになって、たがいに適応しあった環境世界がこうして相互に補完しあっていることが認められるのである。宇宙は、二重唱、三重唱、四重唱、合唱から成るコンサートでいっぱいである。雄と雌との間のあくことを知らない歌合戦が、強烈な二重唱《デュエット》を歌ってくれる。」

ヤーコプ・フォン・ユクスキュル、ゲオルク・クリサート／日高敏隆、野田保之訳『生物から見た世界』(思索社、一九八〇、一二八四頁)

③ ナナメの関係

タテでもヨコでもない関係が、ナナメの関係です(次頁図15)。これは、タテ・ヨコ関係の中で組織的あるいは共同的な活動を計画的につくりあげるような関係ではありません。計画的で必然的な関係というより偶然的な関係、堅い関係というより柔らかい関係、場合によっては、近くて濃密な関係というより遠くて淡い関係を指します。

社会学ではこの関係を、たとえば、地域の近所づき合いの中で魚屋のおじさんや八百屋のお

図15　ナナメの関係

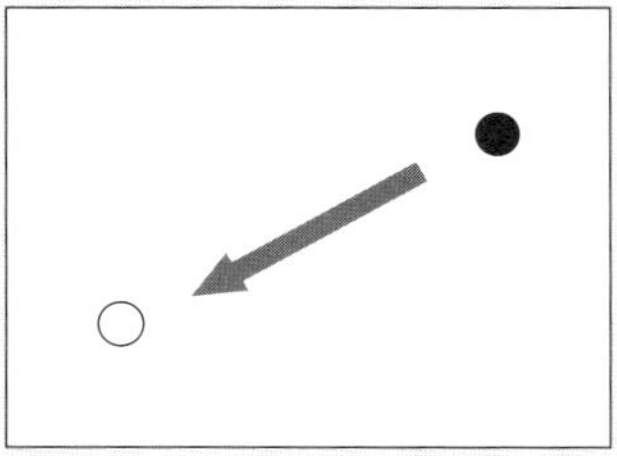

ばさんなどとあいさつをしたり立ち話をしたりするような間柄として説明されています。つまり、店の人にとっても通りの人にとっても、お互いに顔を合わせる程度に過ぎないようにみえる関係ですが、そのようなちょっとした関わりによって日常生活が潤い、いざとなれば助け合うことができるといった関係を指します。また、互いに接し合って協力するわけではありませんが、共感する活動を人に語ったり、推薦したりなど、間接的にだれかを（何かを）支援するようなことも、こうした関係に属します。

まったく知らない人ではないけれども、かと言って、ふだん緊密な関係を互いにつくり合っているわけではない人。このような人がいることで、地域社会の子どもやお年寄りは制度やしくみだけではとらえ切れないところで見守られているという指摘もあります。社会教育の分野ではこのような「見守る人」を、「社会的オジ・オバ」と呼んでいます。

「社会的オジ・オバ」は、ついつい人のためにお世話焼きをしてしまうような人です。しかし、今は向こう三軒両隣といった長屋的な住居や個人商店も少なくなり、お世話焼きする人も見られなくなりました。ばらばらな個人の集合社会では、人ではなく監視カメラがそれを代行しています（いわゆる管理社会です）。もし、私たちがそのような社会でない社会を望むのであれば、まず私たち自身が「社会的オジ・オバ」になるしかないのかもしれません。

ナナメの関係性は、学校や職場の中でも安心感を与えてくれます。安心感だけでなく、生きがいや働きがいを感じさせてくれるきっかけにもなります。気軽に声をかけ合って人づき合いをしたり、余暇時間に趣味の輪を広げたり、地域社会の活動に参加したりと、タテ・ヨコ関係に拘束されない自由な人間関係をつくって、「私」の活動をのびやかに広げてくれます。

現在は、インターネットや電子メールによる情報ネットワークが普及したおかげで、より遠くの人と偶然に結びつくことが日常的に可能になっています（善悪どちらにも利用されますが）。ネットワーク論では、たまにしか会わない人から重要な情報を得ることを「弱い絆の強さ」と呼んでいますが、これもまた現代社会に特徴的なナナメの関係性なのでしょう（ネット社会では、関心あるテーマに集まる集団を「コミュニティ」と呼んでいます）。

また、同じネットワーク論では、ランダムなつながり（偶然の出会い）があることでネットワークが活性化するありさまを、「世の中は狭いねえ」と感じることから「スモールワールド・ネットワーク」と呼んでいますが、この時のランダムなつながりもナナメの関係性から生まれたものだと言えます。そうしてみると、ナナメの関係性は、私たちの生活だけでなくネッ

図16　人間関係の中間領域

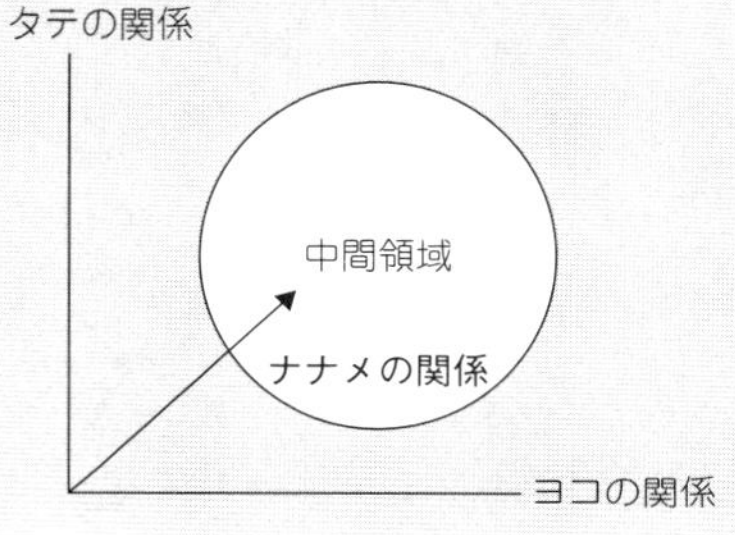

トワーク空間をも活性化させる働きをしているようです。

ところで、「ソーシャル・キャピタル」ということばを耳にすることがあります。日本語では「社会関係資本」と訳されています。むずかしそうなことばですが、これはお金やモノではなく人間関係が社会生活の大切な「資本」（財産）であるという考え方を示したものです。それからすると、だれもが自由につくることのできるナナメの関係性は、まさに「ソーシャル・キャピタル」の充実をはかる象徴的な関係性と言えるでしょう。私たちの人生を豊かなものにする領域は、タテとヨコの必然的関係だけではなく、その中間領域に広がるナナメの偶然的関係の中にも大いに見出すことができそうです（図16）。

タテ・ヨコ関係でつくられる組織（オーガナイゼーション）に対して、組織に入らずに個人どうしがナナメの関係でゆるやかに結びつく**「非組織」（ノンオーガナイゼーション：NO）**の豊かさも、これからますます見直されていくことでしょう。それは、小さな組織が大きな組織の一部として画一的にチェーン化されるような強固なつながりでなく、個人と個人、個人とグループがつくる柔らかな変化に富むつながりです。

そのようなナナメの関係性づくりとして、私は現在、次のようなアイデアの実践を通して各地の人たちと交流活動の輪を広げているところです。いずれも、創意工夫ある個々人の活動や社会教育活動、さらには個人商店、個人教室などの「自営の仕事」（オウンワーク）がナナメの関係によって生き生きしていくことを願って試みられています。

「**青空喫茶店**」　野外でコーヒーやお茶を出して人づき合いを楽しむオープンカフェ。壁のない喫茶店（次頁**写真10**）。

「**生き活きレストラン**」　住民が郷土料理のつくり方を披露しながら外部の参会者とともに食事を楽しみ交流する食堂（次頁**写真11**）。出前交流もあり。

「**ふるさと玉手箱**」　お互いの地域の産物や紹介資料などを入れた、箱と箱を交換する物々交流（次頁**写真12**）。

「**分けっこバッグ**」　お互いに「おすそ分け」するモノを入れて持ち寄るために、生産現場の「残り物」を活用してあつらえてつくったバッグ（次頁**写真13**）。

「**おやお屋！**」「おや！」と興味をそそられる品々、創意工夫してつくられたモノたちが、八百屋のように活きのいい関係性でやりとりされる売場コーナー。**野生のモノづくり**（三五

写真10

写真11

写真12-A

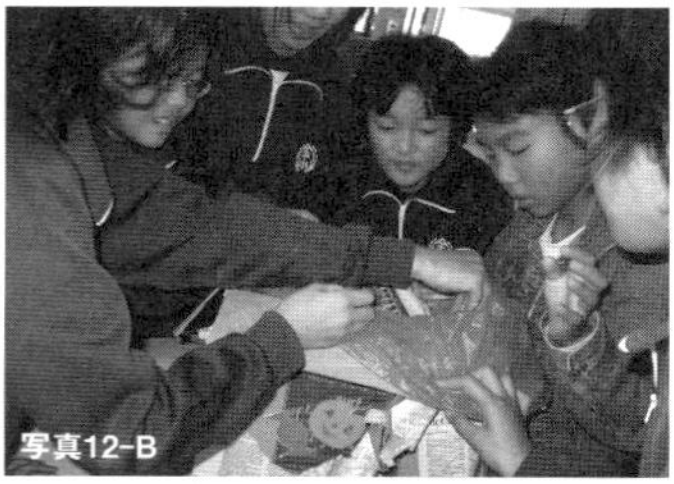
写真12-B

写真13

写真10　「青空喫茶店」（東北芸術工科大学キャンパス、2006年）／**写真11**　「生き活きレストラン」（山形県西川町水沢地区婦人会、電話0237-74-2246飯野浅子、2007年）／**写真12**　「ふるさと玉手箱」**A**：福島県会津坂下町金上公民館キッズクラブから静岡県焼津市マリー英会話楽校に届いた「ふるさと玉手箱」（2008年）。静岡にないものがいろいろ入っていました。**B**：静岡県焼津市マリー英会話楽校から福島県会津坂下町金上公民館キッズクラブに届いた「ふるさと玉手箱」（2008年）。福島にないものがいろいろ入っていました／**写真13**　「分けっこバッグ」　かつて漁船の帆布をつくっていた帆布工場のおばさんにあつらえて残り布で制作してもらったもの。写真はみかん狩用のバッグをまねた形（製造：静岡県焼津市細谷製帆、2008年、販売：マリー英会話楽校「おやお屋！」電話090-1822-8126）

頁）を支援する窓口。店の一角などどこにでも設けることが可能。

これら自発的に生まれた「点」の活動は、各地の「点」と結ばれて、今では楽しい「線」や「面」の活動になりつつあります。そのような愉快な交流を、今後も**ファニーワールド・ネットワーク**と呼んで広げてみたいと思っています。

ナナメの関係は、私たちの日常生活が楽しく生き生きとしていくような活動を知らず知らずのうちに生み出す源であると言えるかもしれません。

❻ 人生の老若男女

人間集団の多様性を表わすことばに、「老若男女」という熟語があります。私たちの社会は、「老若男女」によって構成されています。「老若男女」とは、男女の性差とともに、子どもからお年寄りまで人間の成長にともなうさまざまな世代がいっしょに混在しているありさまを表現したことばです。

このことばから、性差の極を横軸に置き、人生の成長軸を縦軸に置いた人間集団の集合図を

図17 人生の老若男女

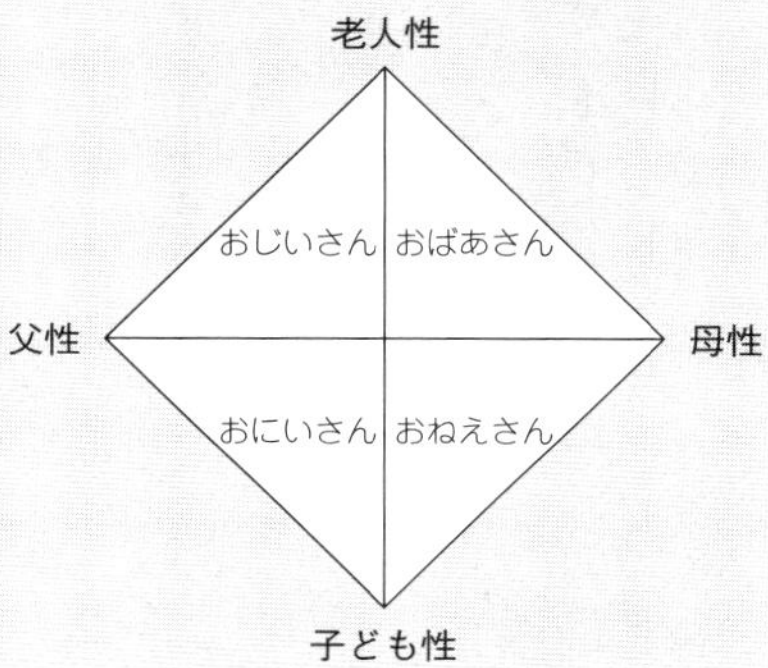

描いてみました（図17）。

この図は、人間集団の様相だけでなく、個人の内面性をも表現するものになっています。つまり、父性や母性というものは、男性も女性も程度の差はあれどちらも両方持ち合わせており、また、子どもらしさや老人らしさも、だれの心の中にもあると考えてみたのです。父性・母性と同じように、人の性格を表わすことばとしても表現できる**子ども性**と**老人性**は、大人の生産社会からは外される極にあります。しかし、人間集団や個人の中にこの二つの極があることによって、私たち人間は、いつも過去の知恵と未来の希望を内包した存在として生きることができるのではないかと思います。

私が、駄菓子屋（「おばあちゃん店」）の教育的意義を修士論文としてまとめている頃（一九九七年）、アメリカの或る進化人類学者が「おばあちゃん仮説」というユニークな学説を発表しました。これは、人類が進化したのは、女性が自分の子育てを終えたあとも長生きして孫や他人の子どもの世話をし、それによって多大な労力を必要とする「ヒトの養育」が補われてきたからだという仮説です。

畑仕事をしながら孫の面倒を見ていた農家のおばあちゃんや、駄菓子屋を営んで近所の子どもの世話をしていたおばあちゃんなど、ふた昔前の風景をふり返ってみると、この仮説もなるほどと納得できそうな感じがします。また、おばあちゃんが子育ての補助役であったなら、おじいちゃんは、農具や家まわりなどを修繕したり、地域の人間関係のこじれなどを修復する世話役をしていたように思います。**老人性**とは、人生の知恵を蓄えてきた老人のように、自然にふるまう行為が結果として社会の安定や維持に役立っていくような心性と言えます。

これに対して、**子ども性**とは、未来へ向かって何かを自在に試みようとする心性です。実際、子どもは未来の社会をつくる存在です。子どもたちといっしょにいると、未来をともに生きていくような気持ちになります。私たちにとって子ども時代は過ぎ去った過去ですが、目の前の生き生きした子どもたちと接することで、私たちは過去の自分（子ども時代）に立ち戻ることができ、そこから明日への新たな希望の一歩が見えてくることもあります。子どもは私たちにとって、過去と未来を行き来させてくれる往還的な導者としての存在でもあるのです。

大人になることは社会組織の責任ある一員になることですが、タテ・ヨコ社会の中に自分をはめ込み過ぎると、子どものように自由にふるまうことができづらくなります。大人らしくなるとは、子どもらしくなくなることを意味するのでしょうか？　私はそうは思いません。大人の心の中にも**子ども性**はあります。もし、大人がタテ・ヨコの組織社会に生き苦しさを感じる時があったなら、いつだってその**子ども性**を呼び起こし、あの頃の自由な精神を学び直す（再び感じとる）ことができるはずなのです。

一方、現代は、歳をとっても老人になることを嫌って、大人のタテ・ヨコ社会の考え方をそのまま延長した「高齢者」が多いように感じられます。まわりを見渡すと、大人らしい子どもと大人らしい老人ばかりで、子どもらしい子どもや老人らしい老人はなかなか見かけることがなくなったように私には思えるのですが。

本来、子どもや老人が醸し出す場は、タテ・ヨコでしっかり織り上げられた織り物のような大人の社会構造とは異なった、柔らかで温かな編み物のような場なのかもしれません。人間の集団に「老若男女」が存在する意義は、だれもが大人のようになるのではなく、互いに影響を受け合い、互いの価値を尊重し合う関係によって、ともに生き生きと暮らしていくところにあるのではないでしょうか。

私が「**だがしや楽校**」と名づけた集いを始めたのは、そのような人々の集まりを想像したからです。「**だがしや楽校**」とは、私が駄菓子屋研究を行なっている時に着想した集いで、参加者一人ひとりが屋台形式に自分の特技やモノを見せ合って、「老若男女」が自由に交流するというものです。明治時代の風景を表わした文献には、子どもたちが遊びまわっている神社の境内の一角に、おばちゃんが小さな台の上に菓子や玩具を並べて、子ども相手の「店」を開いている様子を描いた絵があります。

「店」の起源は、中世に定期市で商品を並べて見せた「見世《みせ》」に始まります。これもヒントにしながら、私は「**だがしや楽校**」を通じて、各人が自分の持ち味を「見せ」る**自分みせ**を「小さな駄菓子屋」のように手軽に開いて、お互いにそれを「見せ」合おうと提案したのです。「開かれた関係」をつくる場で**自分みせ**を開くことは、一人ひとりの「私」を世界へ自己開示して、未知の関係づくりを楽しむ活動へと誘《いざな》っていきます（図18）。

図18　「だがしや楽校」のモデル

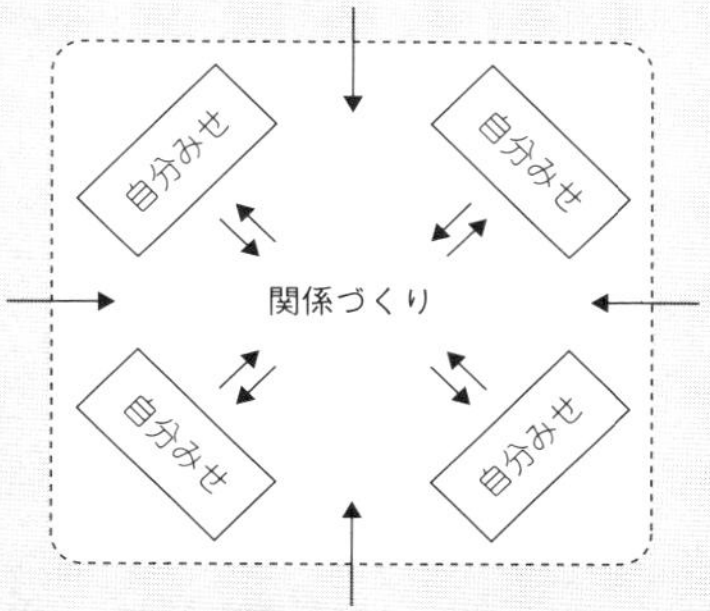

各地の実践は、HP「だがしや楽校オン・ザ・ウェッブ」参照。

この集いはその後、全国各地でさまざまな個人・グループによって開かれるようになりました。マネーの交換とタテ・ヨコ関係による「大人化社会」の中にあっても、それだけではない関係性、つまり信頼と共感にもとづいた人と人との関係性を、大人自身も心のどこかで回復したいと望んでいるように感じられます。私が始めに思い描いた「**だがしや楽校**」はこんな風景でした。

子どもは大人化されることなく子どもの特性をのびのびと発散し、大人は異なる人たちの特性を許容しながら大人の活力を自由に発揮し、そして老人は社会から疎外されることなく老人の持ち味をそこはかとなく発露し、老若男女が学校、職場、家庭を超えて、互いにモノと技と知恵を披露・享受し合いながら豊かな関係性の場をつくり上げていくひととき。

7 三角学習

本章の最後に、私たちが互いに信頼し合い、認め合える関係性をつくり出していくためのヒントになるような考え方を、実践例をご紹介しながら提案したいと思います。それは、人と人との対話の意味を再確認して、「三者関係」の会話から広がる人と人の関係づくりの可能性を考えていくものです。

人間は、「人」の「間」に生きていると言われます。私たちは日々、人との関係性の中で生きているということですが、人との関係性が最も直接的に現れるのは、だれかと話をしている時の場面です。「文字は体を表わす」とか「ことばは心を表わす」という言い方があるように、書きことばであれ話しことばであれ、ことばにはその人の生き方や人生観が反映されています。

対話（互いに向かい合ってなされることばのやりとり）とは、「私」がその人の語ることばの中身に入り込んで、その人の生き方や人生観の琴線に触れ、また、「私」の生き方や人生観から出たことばをその人の心の中に届けようとする、いわば「人生と人生」のキャッチボールとでも表現しうるようなものではないかと思います。このことは、お茶飲み話や立ち話などの日常の会話を含めて、どのような場合の対話にも当てはまります。

「私」と「あなた」の対話を人間の存在意味からとらえようとした二〇世紀の宗教哲学者マルティン・ブーバーは、『我と汝』の中で、我それ自体というのは存在せず、我は関係によって存在すると説いています。そして、経験の対象として他者をみる見方、つまり「私はそれを見る」という一方的な「我―それ」の関係ではなく、「私はあなたを見る―あなたも私を見る」という相互的な「我―汝」の関係が、人間の存在にとって根源的なものだと述べています。

「我―汝」の対話は、信頼関係の中で互いの考えや思いを心から出し合おうとする態度によって成立します。信頼にもとづく対話は、互いの人生経験から出てきたことばの数々を互いに

図19　対話のキャッチボール

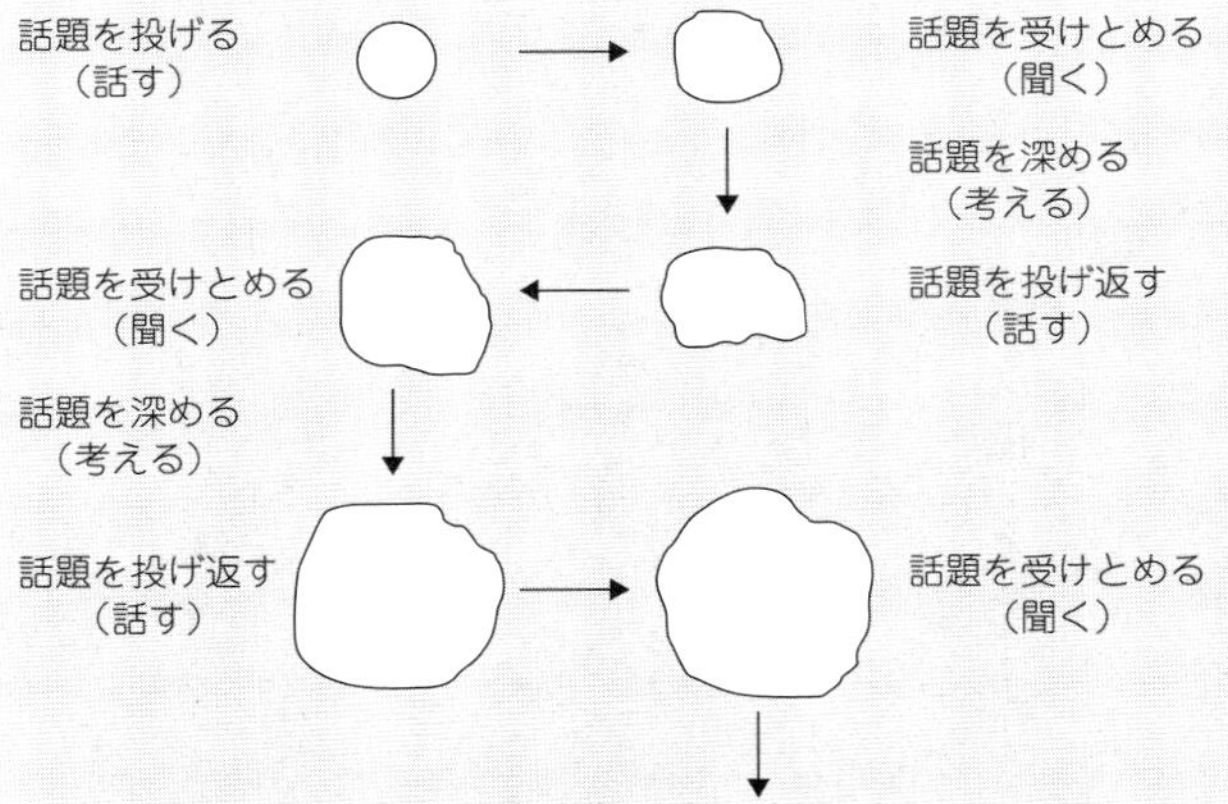

ねり上げながら「見えない造形物」をつくるような活動であると言えます。そして、このような共同制作によってつくり上げられる「造形物」は、両者の知的資産となってそれぞれの人生の糧に吸収蓄積されていきます。

ここで少し、キャッチボールとしての対話について考えてみます。キャッチボールでは、相手が受けとりやすいところにボールを投げることが基本とされています。これは、対話にも当てはまることでしょう。しかし、実際のキャッチボールと違うところは、対話では、ボールに相当する話自体がどんどん変容していくことです。

対話は、相手が投げてきた「ボール＝話」を受けとめ、その「ボール」を自分の考えでつくり変えて投げ返します。互いに「ボール」を投げ―受け―投げる…ことを繰り返す中で、「ボール＝話」の中身はどんどん変容してふくらんでいきます（図19）。まるで「不思議の国のキャッチボール」といった感じです。そのやりとりの中で「ボール＝話」はどのように変容していくのでしょうか。私は、幼児が粘土をこねる様子を思い浮かべながら、次のような三つの技法を考えてみました（図20）。

A　受けとった「ボール＝話」の全体に何かを付け足して投げ返す。

図20　「ボール＝話」の変容技術

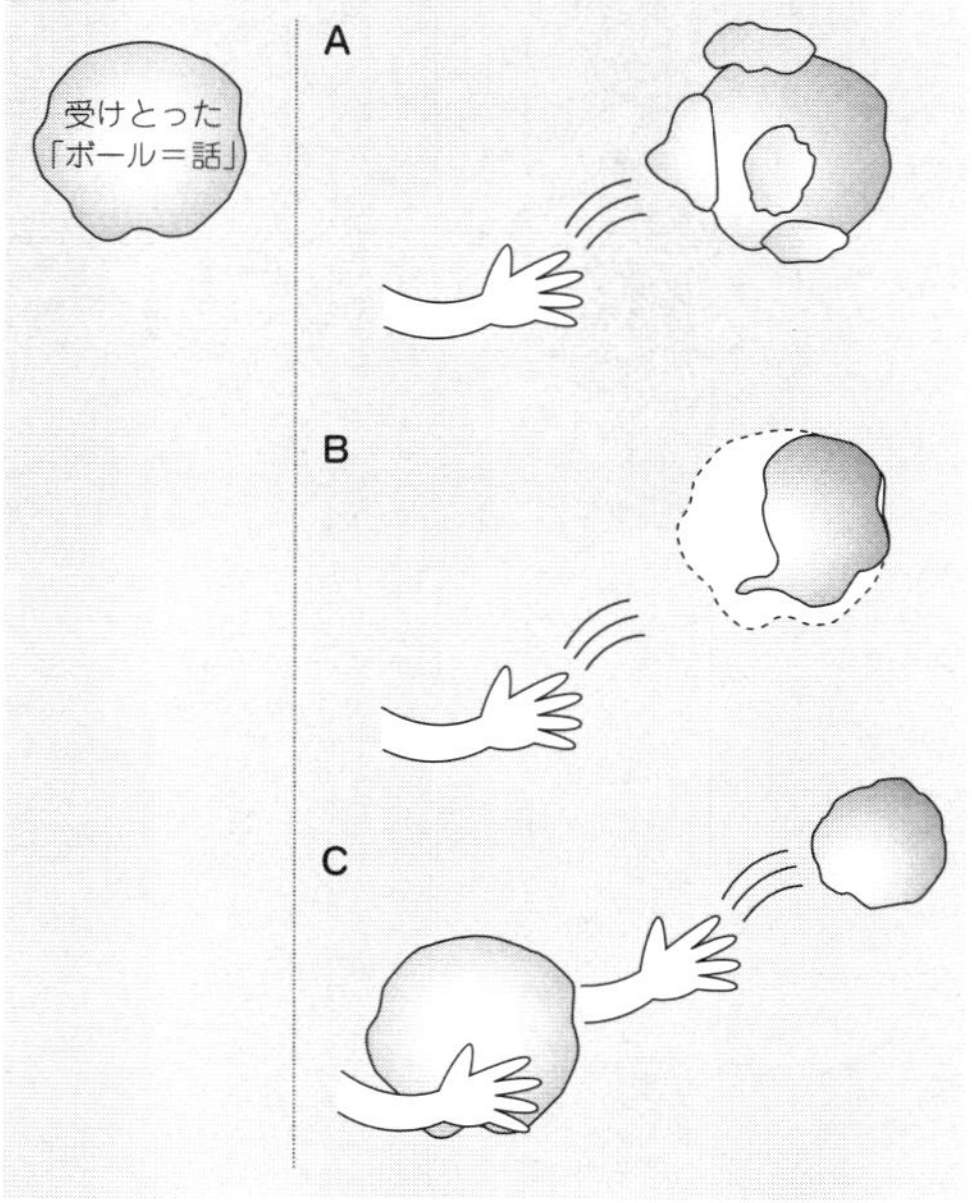

B　受けとった「ボール＝話」の全体から或る部分を削りとり、残った部分を強調して投げ返す。

C　受けとった「ボール＝話」の全体はひとまずわきに置き、それとは違う新たなボールを投げ返す。

プラトンが対話形式でまとめた著

写真14　プラトン全集（岩波書店、1975〜76年刊、高千穂大学図書館所蔵、2008年）

作の数々からは、ソクラテスなどの登場人物たちが広場や歩く道すがらに、こうした対話のキャッチボールによって言葉と言葉をねり合わせ、たくさんの「目に見えない造形物」を変容させながら、つくり上げていく豊かな光景が伝わってきます（写真14）。

では、二人で行なう対話のキャッチボールを三人で行なってみるとどうなるでしょうか？　小学生から大学生まで機会あるごとに尋ねてみると、一般に三人組は二人組より嫌がられる傾向にあるようです。その理由は？　みなさんも察せられると思いますが、三人は二対一に分かれがちになり、その時自分が一の立場になるのを恐れるからです。

たしかに、三者のキャッチボールは、三人みなバランスよく「ボール＝話」を投げて、受けとることができれば、二者関係以上に「ボール＝話」がどんどん変容しておもしろい話し合いになるのでしょうが、常に二対一になりがちな不安定な関係のために、なかなか思うようにはいきません（それが三者関係のおもしろさでもあるのですが）。しかも、五人、一〇人、一〇〇人と人の数が増えれば、そのままでは話し合いは騒然となってしまいます（目的を持って話し合う大人の会議でも、担当者が苦心するのはここのところです)。

そう考えると、二者関係になくて、三者関係以上にある人間集団のありさまは、その最小単位である三者関係の中に凝縮されているように思われます。もしそうならば、三者関係の中で、二対一での一の立場になった人の気持ちを思いやったり、自分が一の立場になった時の対処を考えたり、あるいは三人それぞれが異なる意見を主張してまとまらなくなった時の対応を思案したりすることは、五人、一〇人、一〇〇人の関係性の場合にも応用できることになります。

二者関係は「私」と「あなた」との「線の関係」でしたが、三者関係は「私」「あなたA」「あなたB」による「面の関係」になります。そして、この「面」は、「私」と「あなたA」と「あなたB」がともに生きていく私たちの社会の領域、つまり、「われわれ」という共有意識が育まれるフィールドになります(図21)。

図21　三者関係の面

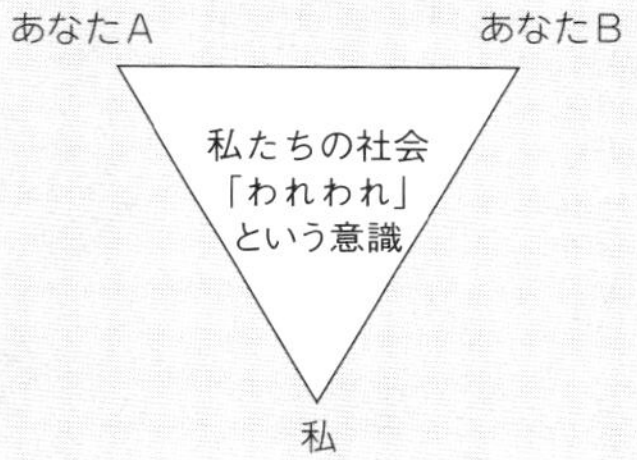

そこで私は、三者関係による会話それ自体が「私の考え」を育む社会的なフィールドになると考え、三者が「参画」し合うこの会話を**三角学習**(参画学習)と名づけてみました。
では、この三者の会話(**三角学習**)では、具体的にどんな場面が想像されるでしょうか。私は、合計一〇の場面を思い起こしてみま

した（本書扉「三者関係一〇図」参照）。「私」「あなたA」「あなたB」という三者関係を、「私」の視点から見てみると次のようになります（以下、見出しの下の図の●は「私」、○は「相手」を表わします）。

① 「見渡す」（三角学習図①）

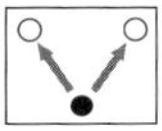

三者関係の場合、相手が一人しかいない二者関係と違い、目の前には二人いますので、「私」は二人の表情を「見渡す」という気持ちになります。これは、考える対象全体や社会全体を見渡す態度にも通じていくように思います。「木を見て森を見ず」ということわざがありますが、三者による会話は、「木を見る前に森を見る」ようにして、まず目の前の二人を「見渡す」ことから始まります。

② 「聞く」（三角学習図②）

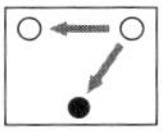

「聞く」ことは、対話（会話）を成立させる基本的な態度です。それは、その人が発する声や表情、身ぶり手ぶりなどあらゆるものを通して、相手が語ることばの意味や内容に「耳を澄

まそう」とする繊細な行為です。その誠実な態度が相手に伝わるからこそ、相手の中にも「私」と同じような態度で応答したいとする気持ちが生まれてくるのだと思います。

二者関係の時は、相手はすべて「私」にだけ話しかけてくれました。しかし、三者関係では、相手は「私」以外のもう一人にも話しかけています。そのもう一人の人が話し手の話に応答して話題が変化することもあります。ですから、「私」は、いっしょに話を聞いているその人の存在も意識しながら話し手の話を「聞く」ことになります。もはや「ボール＝話」は、一対一の「線」上ではなく、「面」の上を自在に動きまわる感じになります。

③「入り込む」（三角学習図③）

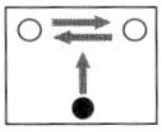

目の前の二人の会話を聞きながら「私」がその話題に「入り込む」時は、それまでの話題を頭の中で整理しながら話し手に目で合図して話し出すこともあれば、直前の印象的な話題に感じ入って思わずしゃべり出すこともあります。話に「入り込む」時に味わう一種の緊張感は、自分もその共同活動に参画して話題を発展させているといった気持ちの表れでもあります。会話はいつも進んでいますので、その中に「入り込む」のは動いている電車にとび乗るような感覚かもしれません。三者の会話では、二者関係の時以上に「ボール＝話」がどんどん変容し

ていきます。

④「気配る」（三角学習図④）

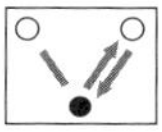

三者関係では、一方の相手と話がはずみ、その人との話に興じる場合も出てきます。しかし忘れてならないのは、この場はその人との二人だけの対話の場でなく、会話の土俵にもう一人いるということです。「私」は常にそのもう一人にも目線を送りながら「気配る」気持ちを忘れないようにします。時には、その人に話を促すようなしぐさをするかもしれません。そのようにしていくと、自然にその人がいつでも話に入り込めるような雰囲気がつくられていきます。「気配る」ことを忘れてしまえば、その人を無視することになってしまいます。三者関係によるこうした場面は思いやりを育む場でもありますが、メールや二者関係ではこれを体験することはできないでしょう。

⑤「振る」（三角学習図⑤）

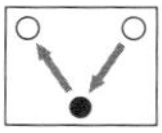

これは、相手から来た「ボール＝話」を、もう一方の別の相手に「振る」場面です。一方の相手とのやりとりが長くなった時や、もう一方の側の相手にも話に加わってもらいたい時、

「私」は目線やしぐさやことばを使って、「～さんは、どう？」などと問いかけます。これが「振る」です。話を振ってくれる人がいることで、三者関係の話は常に「面」の広がりを保ち続けることができます。

⑥「振りまく」（三角学習図⑥）

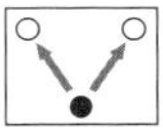

二者の対話と異なり、三者以上では話す相手は複数なので、目の前のみんなに何かを同時に語り伝えるような場面は「振りまく」と表現するのが似合います。ちょうど、海に投網を打つようにして、話題を全体に「振りまく」というイメージです。演説はまさにこれに当たります。そして、「私」の気持ちや考えがうまくその場のみんなに伝わったかどうか、ここでも「私」はまわりの人の表情やしぐさに「気配る」ことになります。

⑦「受けとめる」（三角学習図⑦）

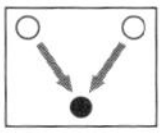

「振りまく」とは反対に、「私」に向けられた話題を一人で「受けとめる」場面もでてきます。それは「私」への反対意見だったり、批判だったりすることもあります。「私」にとっては不当な批判と感じられる場合もあるかもしれません。そのような時、「私」は、それまでのやり

とりの文脈を落ち着いてとらえ、自分に向けられた意見や批判をじっくりと「受けとめる」ことになります。それは、「沈黙」という態度を体験することにもつながります。

⑧「比べる」（三角学習図⑧）

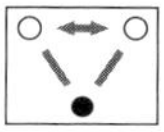

これは、目の前の二人の話を黙って聞きながら、両者の意見の相違点についてじっくりと考え「比べる」場面です。このような時「私」は、Aさんの立場に立ったり、Bさんの立場に立ったりしながら、両者の違いや共通点を見極めようとします。時には二人の意見の調整役としてそのやりとりに「入り込む」こともあります。

私たちは子どもの頃から常にいろいろな物事を「比べっこ」していますが、「比べる」こと（つまり比較すること）は学問をする時の基本的な態度にもなります。

⑨「組み合わせる」（三角学習図⑨）

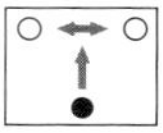

「比べる」ことで調整役を果たした「私」が、今度は両者の異なる意見を組み合わせて、新たな第三の意見を考え出すこともあります。これは、市民革命期のドイツの哲学者ヘーゲルが示した「正」＋「反」＝「合」という弁証法に当てはまるような思考法です。私もよく、「その二

つを合わせて～したらどうだろう？・」というアイデアを考えることがあります。「三人寄れば、文殊の智慧」ということわざは、まさにこの場面から生まれたのではないかと思います。文殊菩薩の智慧のように、創造的なアイデアを出すことは三者関係の醍醐味です。私は、この**三角学習を文殊の寄り合い**と称して、授業や講座で互いにアイデアを出し合う時の活動に取り入れています（写真15）。

写真15 大学の授業での「三角学習」（東北芸術工科大学「こども芸術教育演習」2006年）

⑩「ともに在る」（三角学習図⑩）

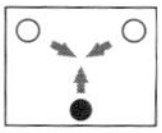

三者三様ということばがあります。三人いれば三通りの考えがあるということです。「私」が或る考えを出しても、他の二人はそれぞれ別の考えを持っているのが普通です。それゆえに「比べる」ことや「組み合わせる」ことが意味を持ってくるのですが、逆に言えば、それだけみんなの意見が一つになることはむずかしいということでもあります。

しかし、そうした意見の違いがあっても、どこかで共感し合える一致点（合意）を互いに見つけ合おうと努力することや、それがすぐに見出せなくても、そうした気持ちをお互いが持ち続けることは、ある感覚を私たちに与えてくれます。それは、「私」はこの世界に一人で生きているのではないという感覚、「私」は常にだれかと「ともに在る」という感覚です。「私は関係によって生きている」という確かな実感を得るのは、このような時でしょう。「われわれ」という意識もここから育まれていくのだと思います。

以上が、私が思い描いてみた三者の会話（**三角学習**）の一〇の場面です。もちろん、ほかにももっとたくさんあるでしょう。たとえば、もう一つ、こんな場面もあっていいかもしれません。それは、三者の中に閉じてしまいそうな関係性を開放するために、二人（相手）がまったくとれないところに空高くボール（話）を投げてしまうような場面です（きっと、二人はびっくりするでしょうが）。つまりそれは、新たな次元で世界と関わるための、いわば「世界に開かれた純粋贈与」（一〇四頁）につながっていくような関係性です。

このような多様な場面を有する三者関係は、個人と個人の関係性だけでなく、広く人間社会の関係性をよりよく保っていくための原型になるように思われます。なぜなら、三脚椅子がそうであるように、三という関係は、三者の存在によってそれぞれが倒れないようバランスを保とうとする関係だからです。ちなみに、三者間の話し合いは「鼎談《ていだん》」といいます。このことばは、古代中国の「鼎《かなえ》」という三脚の青銅器からきています。

私たちが子どもの頃から親しんできた三者関係と言えば、「グー・チョキ・パー」のジャンケンです。ジャンケンは、それぞれ異なる相手に長短（勝ち負け）を持つことで、平等に三者関係を保つ原理になっています（六〇頁）。鬼ごっこなどの集団遊びを開始する際には欠かせないやりとりです（最近では、ジャンケンをする子どもたちも見かけなくなりましたが）。

中国を発祥とするジャンケン（本拳）は、古くはペルシャ（イラン）を経由してイタリアに伝わったと言われていますが、日本のジャンケンの歴史は意外に浅く、江戸時代に中国から伝わった拳《けん》遊びが大人の酒宴で流行《はや》り、それが子どもたちの遊びに取り入れられて、今のジャンケンになったのだそうです。とすれば、それ以前の中世日本の子どもたちはジャンケンを使わずに、どのように鬼などを決めていたのでしょうか？

一八世紀フランスの啓蒙思想家モンテスキューが提示した「三権分立」は、立法・行政・司法の三つの権力のバランスを保つ近代民主主義社会の原理として考えられたものですが、これとジャンケンを重ね合わせて考えても、「三」という数でつくられる関係性には何か奥深いものがありそうです（モンテスキューはイタリア旅行もしていますが、三権に分けるアイデアをどこで思いついたのでしょうか？　ひょっとすると、ジャンケン遊びをしている子どもたちを見て思いついたとか？）。

子どもの頃に外遊びの経験をした人なら覚えはあると思いますが、三〇～四〇年前までの子どもたちは、鬼ごっこにしろ、かくれんぼにしろ、その時のメンバーや環境に応じて自由にルールを変えて、自分たちで群れ遊びを楽しんでいました。今ふり返ると、そうした群れ遊び自体が、三者関係から自在に広がる**三角学習**の場であったように思います。群れ遊びが消えてしまった今、子どもたちがこのような「人間関係の学習」を体験する場はずいぶんと減ってきているのではないでしょうか。もしかすると、大人もそうかもしれません。

心の成長は、体の成長と違って大人になっても続けることができます。心の成長の姿は「心の広さ」ということばでも表現されますが、それは人間関係によって培われるように思います。この心の成長を促していたのが**三角学習**の場（群れて遊ぶ場、集まってお茶飲み話をするような場）だったのでしょう。こうした学習の喪失は、人間の心の成長に何らかの負の影響を与え、集団生活の中で一人ぼっちになった人への思いやりや、自分が一人ぼっちになった時に乗り超えようとするたくましさを失わせてしまうのではないかと心配です。この原稿を書いていた夏、山形県長井市の公園に足を運び、大人と中学生・小学生がいっしょになって群れ遊び（缶けり、

写真16　大人と子どもの群れ遊び（長井市中央地区子ども会リーダー研修会、長井市あやめ公園、2008年）

だるまさん転んだ、ゴムとびなど）をしている光景を見てきました（写真16）。現代でも、大人が心配りすることによって、みんなで**三角学習**の場を楽しく広げていくことはできるように感じました。

子ども世界と大人世界は異なります。しかし、大人になったからといって、タテ・ヨコ関係の社会集団の中だけで生きていかねばならないということはありません（そうした関係だけで「私の人生」が満たされればいいのかもしれませんが）。この章で見てきたように、仕事であれ、グループ活動であれ、近所づきあいであれ、人と人との温かで柔らかな関係をつくり出すスペースは、どのようにでも広げていくことができます。タテ・ヨコの社会を超え、いろいろな人と豊かな関係性をつくり上げながら歩んでいけば、だれもが「私の人生」をよりよく創造していく手がかりを得ることができるのではないでしょうか。

第三章

「私」の内なる関係

最終章になる本章では、これまで見てきた「私とモノ」の関係性と「私と人」の関係性を手がかりにしながら、私たち各人にとって、「私の人生」とはどのような姿かたちを持ちうるのかについて考えてみたいと思います。

はじめに、「1　内なる関係性」では、「私の人生」は他者（人やモノ）との関係性だけでなく、「私」自身の内にある目に見えない「私」自身の営みとの関係性によっても形づくられていることを述べます。これを受けて、「2　人生芸術家」では、私が聞きとったある人の具体的な生き方の姿を紹介し、その人の活動とその人自身を結ぶ「内なる関係性」について探り、人生を一つの「芸術」「技術」としてとらえてみることの意味を考えます。ここでは「技術」の意味が持つ奥深さについても考えます。この事例から、「3　時間共同体」では、「私の人生」は、過去と未来を結ぶ時間軸を介してさまざまなモノや人との共感関係によってつくられる営みであることを述べます。「4　するコト・しごと」では、私たちの日々の生活に密接な関わりを持つ「しごと」の概念を根本的にとらえ直して、「私の人生」と「しごと」の関係性について考えます。そして「5　心得手帳」では、人それぞれの姿かたちを持つ「私の人生」に対して、だれもが共有できる「人生の心得」を、私が考える視点からみなさんに提案し、最後に本書のまとめをします。

1 内なる関係性

書店の本棚を眺めてみると、「こうすれば、成績が上がる」「こうすれば、就職できる」「こうすれば、お金持ちになれる」といった内容の本がたくさん並んでいます。きっと、買う人がたくさんいるからでしょう。しかし、それらを見ると、何かに煽《あお》られているような感じを抱いてしまうのは私だけでしょうか？

では、もし、「こうすれば、人生がより満足いくものになる」というノウハウ（方法論）本がたくさん並んでいたら？　やはり思わず買ってしまうでしょうか。でも、人生は山あり谷ありで、筋書き通りにはいかないのが人生です。人生という回り舞台は、さまざまな偶然の出会いとできごとによって展開します。しかも人それぞれ、二つとして同じ人生はありませんし、将来の姿かたちはだれにも予想不可能です。

私たちの人生は、本に書かれたり、絵に描かれたようにはいきません（むしろ、書いたり読んだり、描いたり見たりする活動それ自体が個々の人生をつくっています）。「私の人生」は、そういう一瞬一瞬の現在の活動から生まれる偶然の出会いやできごとを積み重ねながら、過去をふり返り未来へと向かう「自分との対話」によって形づくられているのではないかと思います。私が人生についてそのようなことを考え、「人はみな、それぞれに生きる工夫をして生きているんだな」とあらためて実感するようになったのは、中学教師のかたわらボランティアで山形市内のコミュニティ・ラジオ局に通い、市民のインタビュー番組を受け持った時からです（「**天分楽校**」ＶｉｇｏＦＭ、毎週土曜日午前一一時三〇分～一二時。番組は現在も続いています）。

この番組では、さまざまな活動を通して生きがいを探求している地元の人たちを毎回ゲストにお招きしています。これまでマイクの前で十人十色の「私の人生」をうかがってきましたが、それらの話を本にまとめる作業も行ないました（『天分楽校』）。また、地方に住んでも生き生きと生活しているそうした方々の生き方を知ることは**生き方学習**の一つになるとも考えて、授業の中で中学生にも紹介しました。

主婦業をしながら「生き方の模索」を歌にしているシンガーソングライターのお母さん。

共働きをしながら余暇時間にクレイアニメ（粘土でつくるアニメーション）を制作している若夫婦。

牧場を営みながらそこを拠点に地域の教育活動や自然保護活動を展開しているおじさん。

………

こうした人たちの話に耳を傾けると、彼／彼女たちはたんに表面から見える職業（本業・副業）やその他の活動の組み合わせという関係だけでなく、仕事であれ趣味であれボランティアであれ地域活動であれ、それらの活動を自身の中に存在する何ものかと関係づけて、「私の人生」の生き方の全体を形づくろうとしていることに気づいたのです。

「私」の活動を関係づけているこの目に見えない**内なる関係性**は、本人も意識していない場合があるので、そうした関係性について自身の口から人に伝えるという話はあまり聞きません。

それゆえ、私たちは個々人のそれぞれの営みの中から形づくられていくこうした関係性にはなかなか気づかないのかもしれません。しかし、この**内なる関係性**こそ、彼／彼女たちのそれぞれの活動を自身の中で意味あるものにしていた源泉だったのです。「私の人生」を創造していくこの関係性に気づいてからは、いろいろな人に出会うたびに、「この人は自分が今していることを自分の中でどのように関係づけて生きているのだろうか」といった関心で接するようになりました。

次に、偶然に出会った一人のおじさんの生き方（**生**《い》**き形**《かた》）を紹介します。これまでみてきた「私とモノ」の関係性、「私と人」の関係性とも重ね合わせながら、このおじさんの活動をつくり上げている**内なる関係性**について考えてみたいと思います。

❷ 人生芸術家

さくらんぼの収穫も終わりに近づき、地区で栽培している紅花が咲き始めた七月初め頃、山形県天童市の奥羽山系のふもと、ジャガラモガラという風変わりな地名の近くを通りがかった時のことです。

果樹畑の一角の小さな建物に「三九美術展」と書かれた手づくりののぼりを見かけました。

何だろうと思って中に入ると、地元で美術制作をしている人たちの親子作品展が開かれていました。そして、ちょうどそこにいた、にこにこした一人のおじさんが展示作品についての説明をしてくれました。おじさんの名前は片桐勝さん（五二歳）といいます。彼の作品も展示してありました。

片桐さんは自身の作品と制作について次のように語ってくれました（以下、傍線部と波線部は後に述べます）。

以前、私は地元の家具製造の会社に勤めていました。その頃はよく、余暇に仕事の技術を生かして自宅で木のテーブルなどをつくっていました。美術作品をつくるきっかけはたまたまです。美術の先生をしていた親戚から「県美術展に出してみたら」と声をかけられたので、木でつくった花瓶を出したところ入選したのです。二四歳の時でした。それで自信と興味を持ち、こうして日曜大工のように美術制作を始めるようになったのです。

私の制作は、学校で制作技法を学んだわけではないので独学です。地元の彫刻家の先生からは、「お前のようなやり方はまねできない」と言われます。学校で学ぶやり方は、ていねいにデッサンを何枚も描いてそれをもとに立体造形をつくっていく方法ですが、私の場合は、

写真１　片桐勝さんが発想した紙の形（三九美術展、2008年）
写真２　片桐勝さんが制作した木の作品（同上）

つくりたいものの形が頭に浮かぶと、「どうしたら、その形ができるだろうか？」と、つくりながら考え制作していくのです。はじめに設計図ありきではないんです。

今ここに展示している作品は、たまたま紙を折っていたらこんなふうな形に立ったので、これを木でつくれないだろうかと思いついて制作したものです（写真１・２）。このように自在に形をつくることができるのも、職場での家具づくりの技術が身についていたからだと思います。

私の場合は、でき上がった作品を観るより、つくる過程で悩み、葛藤し、自分と語り合っている時が一番楽しいのです。そういう思いにさせてくれるのも、仕事で学んだ技術のおかげです。仕事で技術を学び、その技術が自分の制作意欲を広げてくれます。今している仕事がつまらないというのではここまで続かなかったと思います。どんな仕事も、自分の作品づくりにつなげるという気持ちを持つことが大切で、そういう気持ちがあれば、すぐに生きなくてもいつかは作品づくりに生きる技術になります。そのように思えば、つまらない仕事というのはなくなります。つまらなくしているのは自分自身ではないかと思うのです。
私は今、温泉施設の営繕の仕事をしています。そこでやっている毎日のこまやかな技術も役に立っています。たとえば、のれんがはずれないようにするちょっとした技術。そうじで汚れをおとす技術。自分が身につけた技術は人に教えます。人に教えると、こんどは自分が知らないことを人が教えてくれます。自分が知らないことは人から教わり、自分が知っていることは人に教えます。人って、どんな人からも教わる気持ちでいると天狗になりません。私にとって、仕事と美術制作は、こんなふうに密接に関係し合っています。

図1　片桐さんの生き方の「技術」

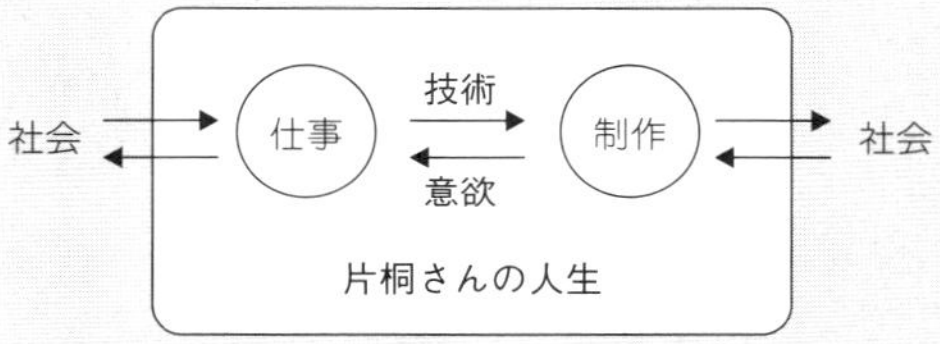

さて、いかがでしょう？　片桐さんのお話から「仕事と美術制作の密接な関係」を描いてみると、**図1**のようになります。片桐さんは仕事と並行して自身の制作活動を行なっていますが、この二つは片桐さんの内にある「モノづくる技術」を通して関係づけられていることがわかります。これが片桐さんのお話から見えてきた**内なる関係性**です。

片桐さんが仕事と制作の両方で扱っているモノは木です。仕事では会社の一員として商品にする木工家具をつくる仕事に携わっていました。一方、個人の制作活動では自分のイメージを木で表現してきました。片桐さんの「技術」は、ご自身の美術制作を通して木の多面的活用を拓いてきたと言えそうです（六八頁）。しかも、それだけではなく、片桐さんにとって「技術」は、「木」と「片桐さん自身」とを結びつけるものとしても大きな意味を持っています。それは、片桐さんのお話の中に「技術」ということばがたくさん出てくることからもわかります（文中傍線部）。

片桐さんが語る「技術」は、モノをつくる技術や営繕の技術として登場します。しかし、「つくる過程で悩み、葛藤し、自分と語り合っている時が一番楽しいのです」と語っているように、その技術は片桐さんの人生の生きがいをつくる技術にもなっています。そして、そこには私たちが普段用いている「技術」の意味合いを超えたものが感じられます。

「技術」を意味する英語「テクニック technique」の語源は、古代ギリシャ語の「テクネー」です。この語は、プラトン全集を引いてもわかりますが、「体育術・医術」といった身体の技術や「建築術・農業術」といったモノづくりの技術だけでなく、「政治術」といった人や社会を治める技術や「善く生きるための技術」といった魂の世話に関わる技術まで、じつに広範囲に用いられていたことばだったようです。しかし現代では、「科学技術」など専門的な言い方で使われることが多くなっているため、「テクネー」に込められていたかつての包括的な意味合いはなくなっています。

ところで、一般に「科学技術」と言う時の「科学」とは、ある課題について目的と方法を定めて実験し、実験によって得られた知識を体系化して公式を導き、その公式を現実のさまざまな場面に応用する活動のことを指しています。科学を表わす英語「サイエンス science」の語源は、ラテン語の「知ること＋分けること」ですが、これも古くはもっと広い意味を含んでいました。「自然科学」という狭い意味ではなく、人文学を含んだ「学問」「学芸」を意味することばとして使われていたのです。また、「技術」や「技」といった意味合いもあったようです。

しかし、膨大に細分化されている今日の科学（学問）のありさまや、個々に分化された多くのことがらに囲まれて「私」という存在がつかみづらくなっている今日の社会のありさまをみると、「知ること＋分けること」という営みとともに、分けられた個々のことがらを自分の考えの中で組み直してみる作業、つまり「つなげること＋知ること」を行なう営みも同時に求められているのではないかと思えてきます。これは、本論をつらぬいている「関係性について考える」という営みに当てはまるものです。本論の一章・二章の中では、いろいろなことがらを私なりに「分類」「連結」した事例を載せています。人間社会がこれまで「分けてきた」物事をそのまま受け入れるのではなく、まず自分で「分け直し」てみることの必要性を感じたからです。「分け直す」ためには、既存の「分類」を自分の中で一旦「組み直し」「つなげて」考えてみなければなりません。与えられた「分類」をそのまま受け入れるのではなく、「関係性」の視点から一旦それをつなぎ直して、「私」の中で常に「分類」と「連結」を繰り返していく活動こそ、現代の私たちが取り戻したい営みの一つではないでしょうか。

現代社会では、「考える」ということや「心」というものまで、あらゆることがらが科学のもとに探究されつつあります。その中で、おそらく最後に残るのは、私たち個々人の「人生」ではないかと思います。確かに、人生に関わることも、発達医学、家族社会学、ライフデザイン学など、さまざまな面から科学的な研究がなされています。しかし、先に述べたように人生は予測不可能であり、かつ、個々人だれ一人として他者と同じ人生はないので、「関係性」へのまなざしを持たない狭い意味の（個別の）専門科学で個々の人生のすべてを説明することはむずかしいのではないかと思うのです。

人生は一つとして同じものはなく、かつ本人の気持ちによってつくられる、ということからすれば、人生の在り方に対しては、「技術」や「科学」ということばよりも、古代ギリシャの同じ「テクネー」から分かれた「芸術」ということばが似合うように思います。特に「テクネー」から派生したラテン語「アルス」を語源とする英語「アート art」には、芸術のほかに、技術、工芸、人工物、人文的分野の学問などの意味があり、日本語に翻訳された「テクニック＝技術」とは微妙な違いがあります。そこでこの本では、「科学技術」に対することばとして、各人がつくる人生の技を**人生芸術**と表現してみたいと思います。

世界の原理を探求して新しいものを開発する科学技術的な活動は確かに人類の特徴ある活動だと言えますが、絵画や音楽や舞踏など、芸術と呼ばれている表現活動もまた人間らしい活動です。しかも芸術は、芸術家だけに与えられたものではなく、だれにとっても人生を創造していく手がかりとして人間が意味を見出してきたものではないでしょうか。

たとえばそれは、料理の味が各家庭で微妙に異なるように、生活の中で磨かれてきた個人の技といったものも指します。漬物づくりが上手なおばあちゃんの漬物や、花の育て方が上手なお母さんの花も、人生における芸術としての意味合いを持ちます。それは、マニュアルによってだれもが同じようにつくれるものではありません。こうした個々の技が他者に喜びや感動を与えることで、**人生芸術作品**と呼ばれるにふさわしいものになるのだと思います。

近代の産業社会が始まる一九世紀のイギリスで、詩人・デザイナー・思想家・社会活動家として活躍したウイリアム・モリスは、「生活芸術運動」（アーツ・アンド・クラフツ運動）を起こしました。また、日本では大正一五（一九二六）年に、岩手県の農学校を退職した宮沢賢治が、自分の考え（活動していくための論）を『農民芸術概論綱要』としてまとめて「羅須地人協会」という集いを開きました。人生を楽しく創造するために賢治が農民に呼びかけたこの農民芸術論は、そのまま現代の組織社会の中で悩む多くの人たちにとっても**人生芸術論**として読み直せそうな気がします（資料1）。

資料1　宮沢賢治『農民芸術概論綱要』より

農民芸術の綜合

……おお朋だちよ　いっしょに正しい力を併せ　われらのすべての田園とわれらのすべての生活を一つの巨きな第四次元の芸術に創りあげようでないか……

まづもろともにかがやく宇宙の微塵となりて無方の空にちらばらう
しかもわれらは各々感じ　各別各異に生きてゐる
ここは銀河の空間の太陽日本　陸中国の野原である
青い松並　萱の花　古いみちのくの断片を保て
（略）
詞は詩であり　動作は舞踊　音は天楽　四方はかがやく風景画
われらに理解ある観衆があり　われらにひとりの恋人がある
巨きな人生劇場は時間の軸を移動して不滅の四次の芸術をなす
おお朋だちよ　君は行くべく　やがてはすべて行くであらう

『新校本　宮澤賢治全集　第13巻（上）覚書・手帳　本文篇』（筑摩書房、1997年）

人はだれでも、人生の芸術家になることができます。「キャンバス」は自分が生きている生活時間と生活空間であり、「筆」と「絵具」は「私」のまわりに存在するすべてのモノたち（第一章で見てきたすべてのモノたち）とすべての人たち（第二章で見てきたすべての人たち）です。**人生芸術**とは、偶然の出会いやできごとを受けとめ、それらを生かしながら、人とお互い様関係をつくり、制度やしくみにとらわれないゆるやかな共同活動によって、各人各様の自分だけの「作品」（人生）をつくっていく営みを指すものだと言えます。

片桐さんの話には「たまたま」ということばがよく出てきます。あらためて私たちの毎日をふり返ってみると、私たちの生活は何とたくさんの「たまたま」の偶然によって成り立っていることでしょう。人生は偶然の機会に満ちあふれています。片桐さんは、自分の制作活動の特徴を「はじめに設計図ありきではないんです」と言います。決められた設計図がないからこそ、予期せぬ感情の出会いを受け入れて制作の過程を楽しむことができ、そうした日々の過程を楽しむために、「どんな仕事も、自分の作品づくりにつなげるという気持ちを持つことが大切」だと心がけています。

そして、片桐さんの**内なる関係性**は、次のことばとなって表われます。「つまらない仕事というのはなくなります。つまらなくしているのは自分自身ではないかと思うのです」。片桐さんの制作活動は、趣味としての余暇活動やレクリエーションを超えて、仕事に取り組む心持ちも含めた「私の人生」そのものの表現活動になっているようです。

片桐さんは、さらに次のようにも言います。「自分が知らないことは人から教わり、自分が知っていることは人に教えます」。これはお互い様の関係を大切にしている気持ちを表わしています（私が片桐さんから話をうかがっている時も、片桐さんの職場の同僚のご夫婦が見にこられました）。自分の人生の造形物を社会の場に展示することで、その作品は社会への「贈与物」となり、だれかが鑑賞して「何か」を「受けとる」可能性を生み出します（それは、その作品が見知らぬだれかと「ナナメの関係性」をつくり出す媒介になることでもあります）。

ここでは、片桐さんの「私の人生」を、同じ社会に生きている一人ひとりの「私の人生」の代表としてみなさんに紹介しました。私たちの日々の日常は、「私の人生」にとって大きな物語の一部のようなものです。その中で、人はだれでも自分の生き方を自分なりに工夫して生きていることと思います。片桐さんのように、悩み、葛藤し、自問自答することも多いでしょう（私もそうです）。「私の人生」の全体像は、日々の日常活動を内なる自分と関係づけて考えてみるところから浮かび上がってくるのだと言えそうです。

たまたま片桐さんの場合には、美術制作という目に見える造形物をつくっていたので、片桐さんの人生の姿かたちの関係性は見えやすかったのかもしれませんが、この**内なる関係性**はだれもがつくっているものです。その姿かたちを**人生芸術**とみれば、毎日の生き方自体が何か創造的な活動になっていくように感じられてきます。そうとらえるなら、人生の過程で生み出される有形無形の創造物は、たんにお金で得るモノ（消費物）とは異なる、「私」の**人生資産**と呼べるようなものになるのではないでしょうか。

❸ 時間共同体

声高に語られる表面的な職業学習（キャリア学習）からは見えてこないこの**内なる関係性**。

かつて私が駄菓子屋を歩きまわって聞きとり調査をしてした時には、子ども相手に一〇円、二〇円といった安価な商いをしているおばあちゃんたちが、たんなる商品とお金との交換行為だけでなく、子どもから元気をもらい、子どもには安らぎを与えるという**内なる関係性**によって、生き生きと過ごしていることに気づきました。

その関係性は、そこにくる子どもたちにも何かしら影響を与えていたように思います。子どもたちは、地域の居場所としての駄菓子屋に通うことで、家庭と学校の往復という直線的な二者関係だけでなく、「面」としての三者関係の中で駄菓子屋のおばあちゃんをはじめとする地域の人々に囲まれながら、人間社会で生きるためのいろいろな関係性を自然に学んでいたように思うのです。

先の片桐さんの場合も、仕事と創作活動という直線的な二者関係だけでなく、創作活動を行なっている自宅では家族というもう一つの要素が加わることで、何らかの広がりの余韻を持つ「面」としての三者関係をつくり出していたのではないかと想像されます。家族の理解や協力がなければ自宅でひとり黙々と好きな活動をすることはできなかったでしょうし、制作に熱中しているその姿は家族にも何らかの影響を与えていたかもしれません。

そんなことを思いながら「三九美術展」の会場内の作品をあらためて見渡し、そこが親子の作品展だったことに関心を向けてみました。片桐さんの彫刻作品が展示してある背面には、地元の美術大学を卒業したという片桐さんの娘さんの木版画が飾られていました。

娘さんは、お父さんが自宅で制作している姿を見ながら育ち、美術に関心を持つようになって大学に進学し、制作技法を学んできたそうです。父娘で一つの作品をめぐって語り合うというのは、何とも豊かな時間を思わせてくれます。子どもや若者にとって、学校でその分野の専門家から体系的な知識や技術を習得することは当然必要なことです。しかし、自分の人生を創造していくには、それだけでは足りないのではないかとも思います。

学校的に言えば、〈人生を学ぶには人生の専門家から学ぶことが必要だ〉となりますが、人生の専門家は社会に生きている個々人だれもが当てはまります。つまり、社会のいたるところが学び場になるということです。そう考えると、体系的な知識や技術の習得と「私の人生」の学びとがどのように関係するのかについても学校で学べればいいのでしょうが、もし学校教育だけでそれができなければ、自分で学んでいかなければなりません（これを学ぶことは、一般に「教養」と言われるものに属しているのではないかと思います）。

娘さんは、大学を卒業した現在、自分の創作活動を続けていくことを願いながら、仕事と創作の両立を模索しているそうです。時にはお父さんの生きる姿をヒントにしたり受け入れたりすることもあるかもしれません。反対に、お父さんの姿を批判的にみて別のやり方にチャレンジすることもあるかもしれません。そういう試行錯誤の体験活動をしていく中で、娘さんの考えも育まれ、今度は娘さん自身が「私の人生」を生きていくことになるのでしょう。

こういった学びは、親子という特別な関係だから成り立つわけではありません。むしろ、学校の中でも、職場の中でも、地域の中でも、人生を生きる姿を次の世代に見せて、時には親のように親身になって相談にのってあげられる大人がいる社会でなら、どこでもつくり出すことのできる学びの関係性だと思います（このことは、私のような大人世代が考えなければならない課題ですが）。

スーパーマーケットでの休憩時間に、パートのおばさんたちがお茶を飲みながら、まるで母親のように親身になってアルバイトの学生の悩み事を聞いてアドバイスしてくれるという話を聞きました。私のふるさと山形でも、農作業の手伝いなどで似たような話を聞きます。どんなに社会が高度に発展したとしても、マニュアル通りの労働やマネーの交換だけとは異なる関係の中にこそ、「人間らしい」生き方を探求していくきっかけがひそんでいるように感じられます。

ごくありふれたささやかな光景ゆえに、私たちはそうした出会いやできごとを日ごろあまり気にとめることはありません。しかし、関係性の視点から結果として見直してみると、スーパーマーケットの休憩室は人生相談室の役割を、また、学生にアドバイスしてくれるおばさんは人生相談のカウンセラー的な役割をはたしているような姿が見えてきそうです。私たちの見方しだいで「モノ」が多面的な存在になるのと同じように（六八頁）、「場所」や「組織」もそうなると言えます。そして何より、最も多面的な存在になるのは「人」です。

この多面的な存在としての「人」こそ、人生を学ぶ「先生」であり「教科書」なのでしょう。人は自分を素直に語る時、意識するにせよしないにせよ、自分の人生からにじみ出たことばを発し、また、そのことばを文字に表現したりします。そこにその人の「私」が現れます。その素顔を見つめ、そのことばに耳を澄ますことで、私たちはお互いに「私の人生」を学んでいくことができるように思います。そして、そのような関係性をゆっくりと育み合いながら「私の人生」を見つめることは、「時間」というものを見つめることにもなります。

一年前の春から本書の原稿を書き始めて、何度もねり直しているうちに夏の暑さが過ぎ、実りの秋を迎え、気がついたら冬になっていました。冬の山形は雪景色です。みなさんは、果樹の剪定《せんてい》作業というのを知っていますか？　枝を切り落とす作業です。毎年冬になると、りんご農家の人たちは雪をかきわけて剪定作業を始めるそうです。その作業では、まもなくやって来る春にはどの枝にどのように花が咲き、秋にはどの花にどのように実をつけるのか、その姿を頭に思い描きながら切る枝を選んでいくのだそうです。それは、農家の人にとって、りんごの木の成長と実りまでの「時間」を思いやる行為と言えます。さくらんぼの場合は、初夏に収穫したあと、夏の暑い時期に、来年の実る姿を思い描いて剪定するということです。

同じようにして、私たちは、他者の人生時間にも思いを寄せながら生きています。親しい家族に授かった赤ちゃんの誕生を祝い、隣人の子どもの成長を喜び、お世話になった人の死を悲しみます。それぞれの「私」の人生時間は、過去と未来を結ぶ時間軸の中でさまざまな人やモノたちとの出会いを幾重にも重ねながらつくられていきます。そこでは、はるか以前の先人の考えや技術、さらには人類が歩んできた長い歴史時間をも含みながら、**多層時間体験**とでも表現できそうな関係がつくり出されているように思えます。私たちは、お互いにそのような時間の関係性を育み合うことによっても、「ともに在る」(一五七頁)という感覚を身につけることができそうです。そして、個々人の**人生芸術**もまた、そのような豊かな時間意識の中でつくられていくものだと言えるでしょう。

ちょうど、この部分の原稿を書きあらためていた時、思わぬ「芸術家」の姿を目にしました。それは、私が通う高千穂大学の校舎を清掃しているおじさんです。おじさんはまるで芸術家のようなしぐさで、自分が拭いたガラス窓の仕上がり具合を遠目で何度も確かめるようにして窓拭きを繰り返していました。話しかけると、そのおじさんは「きれいにすることが好きだからね」と語ってくれました。その窓の拭き方は、おじさんの生き方の中でどのような関係性を持っているのかと、ふと思いました。何でも、そのおじさんの本業はそば屋さんで、午前中は大学構内で働き、午後からは本業をしているとのこと。どんなそばを出してくれるのだろうかと素朴な興味を抱きました。

私は大学の授業で、これから「私の人生」をつくっていく学生たちとともに、未来の自分を思い描きながら「自分にとっての**人生芸術**」を色と形で表現してみる活動も試みています(**写真3・4**)。人生の関係性を目に見える形で表現してみることは、過去をふり返るだけでなく、

写真４

写真３

写真３　自分の生き方を色と形で表現する「**生《い》き形《かた》**工作」（東北芸術工科大学「こども芸術教育概論」2006年）
写真４　各人の生きたい姿を展示する「**生《い》き形《かた》**美術館」（同上）

未来から現在の生活をふり返り、現在の自分と未来の自分を行ったり来たりするような遊び心の感覚で「自分の今」を考える**人生学習**になるようです。

4 するコト・しごと

私たちの人生は、日々の生活の一コマ一コマの総体です。それは何かをするコトの総体であるとともに、何かをしないコトの総体でもあります。そして、何をどのように「するか／しないか」を思案しながら、さまざまな関係性や出会い、できごとの中でなされる活動の一つひとつが、すなわち個々の「私の人生」を創造していく中味になっています。

「しごと」（仕事）とは、動詞「する」の連用形「し」に「こと」（事）がついたことばです。一般には、「しなければならないコト」（義務）という意味で用いられ、職業としての仕事を指しています。

「ビジネス business」という英語も現在では同じ意味で用いられていますが、busy + ness からできているこのことばの busy（忙しい）の原意は、もともと「活動的な」という意味です。

「しなければならないコト」には、「いやだけど、しなくちゃね」という消極的なニュアンスと、「自分がやらなければ！」という積極的なニュアンスがありますが、この「しなければならないコト」も含めて、「するコト」／「しないコト」には次のような四つの領域がありそうです。

「しなければならないコト」	must + do	（義務）	↕	「してはいけないコト」
「してもいいコト」	may + do	（許容）	↕	「しなくてもいいコト」
「したいコト」	want to + do	（欲望）	↕	「したくないコト」
「できるコト」	can + do	（可能）	↕	「できないコト」

これら四つの領域に分けられる「するコト」の総称を「しごと」（**四事**）と呼んでみると、「しごと」は、家庭でも職場でも地域でも、時と場所を問わず、いつでもどこでも私たちの気持ち次第でいろいろと生み出すことができそうです（図2）。そして、そのような視点に立てば、

これまで「義務」（しなければならないコト）や「許容」（してもいいコト）としてみてきた「しごと」の中にも、「欲望」（したいコト）や「可能」（できるコト）としての「しごと」を発見できるかもしれません。また、「しなくてもいいコト」（非 - 許容）の領域から「したいコト」（欲望）を見つけて、意味あるコトを生み出していくことだってあるかもしれません。

図2　「するコト」の領域＝「しごと」（四事）

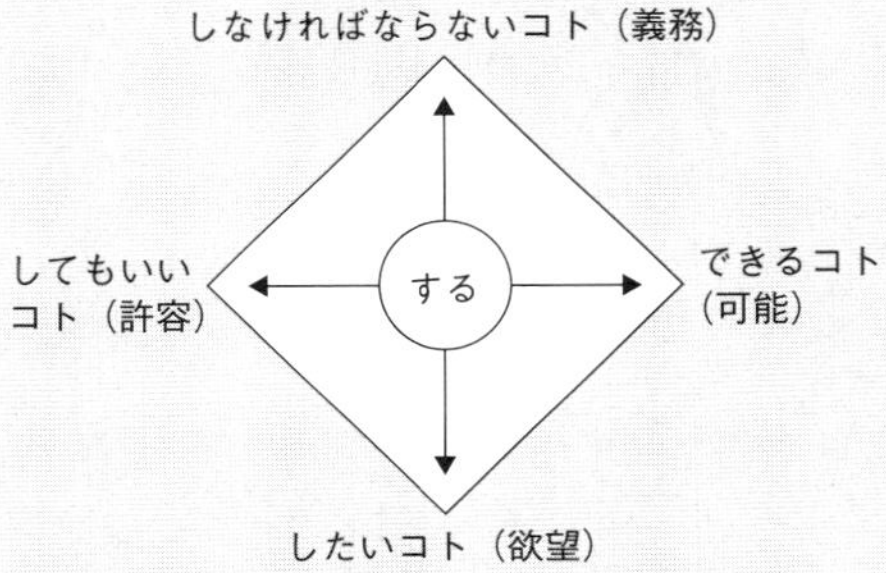

「するコト」には、場面に応じた「コト」がいろいろあります。たとえば、家の中の「仕事」は「家事」といい、その中で「食事」の準備をするコトは「炊事」といいます。最近は「食育」ということばが語られますが、「炊事」や「食事」は生きる上で最も大切なコトの一つであり、毎日「するコト」です。しかし、毎日、同じ素材で同じ料理をつくって食べたとしても、味つけや盛りつけや食卓の会話までがまったく同じになることはありません。また、毎日「するコト」のほかに、折々に行なう「行事」（イベント）もたくさんありますし、一回きりの「できごと」も数え切れないほどあります。

　このように日々私たちがしているたくさんの「するコト」

は、イメージ・場所・時期・人・モノなどの組み合わせによってすべて異なるので、まるですべてが一回ごとの総合芸術活動のようです。それは、芸術制作のようにやりながらつくり上げていく性質のものなのでしょう。常に生き物のように動いている現実世界の中で、自分のイメージを修正しながら何かを実現しようと試みる活動が人生の「コトづくり」なのであり、その総体としての人生は、予期せぬコト（偶然の出会いやできごと）を丸ごと受け入れながら、自分の一生を創造し描き続けていく営みであると言えそうです。

子どもたちが、「なにする？」と友だちを誘って何か楽しむコト（「したいコト」）をしようとする活動は、なにも子どもだけのコトではありません。もしそれが子ども時代の特権で、大人になればいやでも「しなければならないコト」をするものだとなれば、だれも大人になりたいとは思わないでしょう。確かに、だれかといっしょになって楽しむコトの感覚は子ども時代に身につけるものでしょうが、それをプツリと切るコトが大人になることではありません。たとえ「しなければならないコト」がたくさん増えたとしても、楽しむ感覚を持ち続けながら「できるコト」「したいコト」「してもいいコト」を見つけていくならば、そしてそうした「私の人生」の「コトづくり」があちこちで行なわれていくならば、きっと生きることに楽しい社会が私たちの手でつくり上げられていくのではないでしょうか。

「するコト」の全体図（四事）から「しごと」づくりを見直していくこうした考え方は、次のような時にも役立つことがあるかもしれません。

職場で仕事の分かち合い（ワークシェアリング）をしなければならなくなり、働く時間が減らされてしまうような時。あるいは、タテ・ヨコの組織集団関係にしばられない自営の仕事をしているけれども、なかなか仕事が増えない時。

そんな時には、仕事やお金が減った（増えない）となげく代わりに、それによって増えた時間と可能性を喜び、自分がしてみたいと思っていた「コト」づくり、「しごと」づくりを生み出してみることもできるわけです。それらを仲間どうしでさまざまに行なえば、その活動自体が、大人社会に閉塞している何かを変えていく力になるかもしれません。

もちろん、それを達成することは口で言うほど簡単ではなく、むしろむずかしいコトに違いありません。実際、私たちにとってお金や仕事の問題はとても切実なコトです。しかも、日常的に「しなければならないコト」は仕事以外にもたくさんあります。また、健康でいるコトも大切です。不慮の事故や災害に遭うコトもあるかもしれませんし、集団生活の中ではストレスがたまるコトもよくあります。私たち個々の人生は、それらから切り離されたところにあるわけではありません。そう考えると、人生の「コト」づくり、「しごと」づくりは、これらのコトにもすべて関わり合いながら生み出されていくということもまた、確かだと思えるのです。

❺ 心得手帳

人生を生きていく中では、大変なことがたくさんあります。それゆえ、何か確実に手に入れることができる具体的な「生きる技術」を仕入れたい衝動に駆られるかもしれません。しかし、人生に対しては、いつでもだれにでも適応できるような一定の法則を持った「技術」はありません。それゆえ私は先に、人生における「技術」を**人生芸術**ということばで言い表わしました。ただ、「芸術」ということばを使うと、「それはその人特有のものだから他人が口をはさむことではない」と解釈されて、この本の主題である「関係性」の意義が遠退いて見えなくなってしまう心配もあります。

プラトンの著作の中には、ソクラテスが「技術」ということばを「心得」ということばに言い直してみてはどうかと提案する場面があります（水地宗明訳「クラテュロス」『プラトン全集2』岩波書店、一九七四年、九六頁）。そこで本書でも最後に「心得」という視点から**人生芸術**における関係性についてふり返り、私が考えている「心得」を三つほど述べたいと思います。

図3　雑草の生き方（多様性と固有性）のスケッチ（筆者、東北芸術工科大学こども芸術大学園庭、2007年）

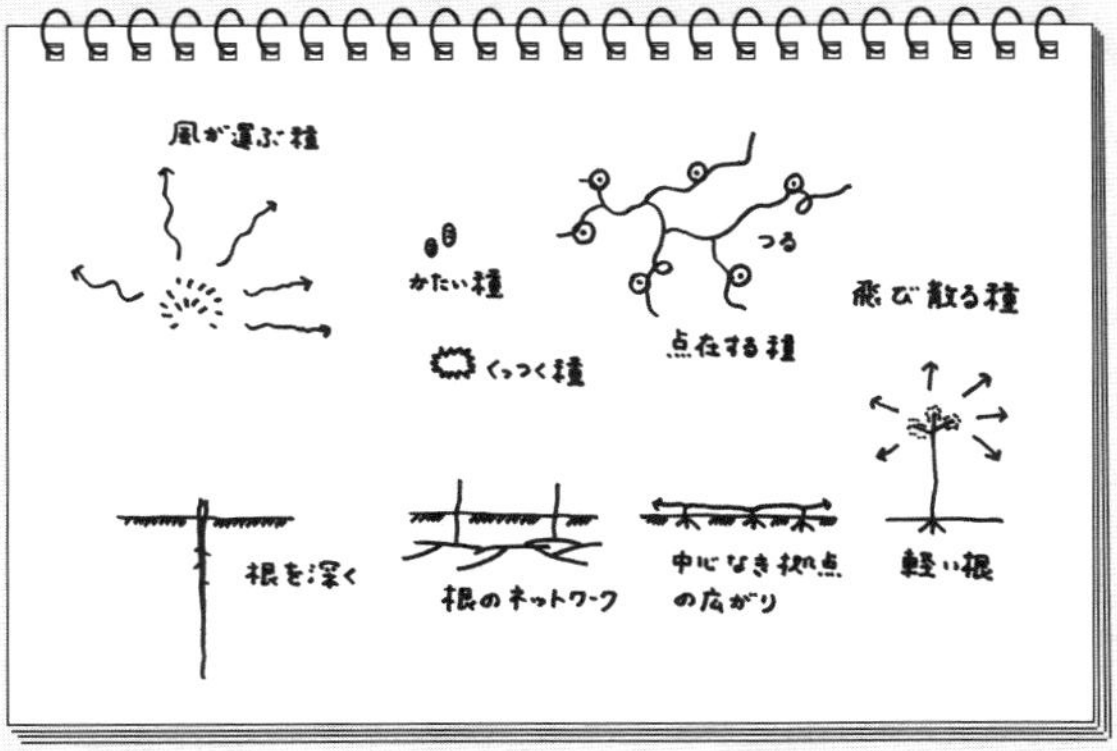

①　スキマに生きる

私たちはこの社会を当たり前のように思い、その中で当たり前のように生きているかもしれませんが、「私」が生きている居場所は始めから用意されていたわけではなく、これからもずっと固定されていくわけではありません。「私」が生きていく居場所は、人やモノとのさまざまな関係性の中でつくりつくられていくものです。

私は、そうした関係性の姿を雑草から学んだことがあります。東北芸術工科大学こども芸術大学の園庭の周辺に「おすそ分け」をし合いながら多様な植物を植え、野菜なども野生化させながら、そこを**地球の庭**と呼んで毎日草とりをしていた時のことです。雑草はそれぞれ種や根っこの形状によっていろいろな生き方をしているということにあらためて気づいたのです（図3）。ある草は、地中深くに根をおろし、地上の茎を引っぱっても根を抜きとることができません。一方、別の草は、いとも簡単に根を引き抜くことができたと思ったら、ぱっと種が周辺に飛び散りました。まるで、私が抜いてくれるのを待っていたかのようでした（私はその草の種まきをしたことになったわけです）。

このように植物から生き方の多様性と固有性を学んでみると、みながみな同じ生き方をして居場所のとり合いをしているのではなく、それぞれがそれぞれのし方で外界と関係性をつくり、自分の居場所を見出して生きている様子が見えてきたのです。

その在り方は、ちょうど子どもたちが自分たちの生活圏の中にスキマ（生物学で言うニッチ）を見つけて、そこいらで遊びまわるような感じに近いかもしれません。

② 温かく柔らかく行なう　大人になると、年間の事業計画を始めに組んでそれを計画通りに実行していくようなやり方が多くなるので、私たちはそうした方法がすべてに当てはまると思いがちになります。しかし、人生は計画通りにはいきません（もし、計画通りにいくと思っている人がいたなら、それは錯覚です。その意味を理解することは、関係性を考える上で最も大切なことです）。

たとえば、私たちが今いる家庭や学校や職場は、もともと私たちが当初から想定していたところでしょうか？　結婚は偶然の出会いによることが多いでしょうし、どこに住むかもたまたまそこだったという場合が多いでしょう。めざす学校に入れるかどうかも、本人をとりまく環境や本人の努力とは別に、受験倍率や入試問題の内容などと関係することがあるでしょう。就職もそうした要因とともに、望んだ会社との縁やその時の景気などに左右されます。職場の仕事でも何が起こるかわかりません。先々の転勤や異動は、命じる側にもわかりません。

何気ない日常生活もそうです。たまたま目にした新聞記事や、たまたま出会った人の話が、それまでとは異なる見方に気づかせてくれることがあります。さらに、前章で述べたように、人との会話はその時の応答しだいでいかようにも変化していきます。今日はどんな食事をとるかも偶然によりますし、その蓄積は私たちの健康をも左右します。まさに「人生万事塞翁が馬」と言うことでしょう。

そのように考えてみると、私たちはなんと多くの偶然の出会いやできごとをごく自然に受けとめながら生きているのかと、あらためて感心してしまいます。もちろん人は偶然だけに頼らず、自分が立てた目標に向かって努力をします。私のように計画倒ればかりしている人間は、努力することの大切さをよく説かれます（耳の痛いアドバイスです）。しかし、「計画倒れ」には、「計画通り」にはないよさもあるのではないかと思います（たとえば、計画通りにいかなかったおかげで、その計画よりもっとよいことができたという場合などです）。

大切なのは、偶然性を排除して自分の計画通りのことだけをしようとする努力ではなく、始めの計画になくても途中で出会ったたくさんの偶然の贈り物を生かしながら、生身の人やモノとの関係性の中で「温かく柔らかい思考」によってよりよく生きていこうとする努力ではないかと思います。なぜ、「温かく柔らかく」なければならないのでしょうか？　それは、「私」と同じように他者もまた、偶然性の中で試行錯誤を繰り返しながら生きている存在だからです（それでも「計画」ということばで人生を言い表わしたいとすれば、非計画も取り込む「太っ腹な計画」とでも表現すればいいかもしれません）。

人生を「温かく柔らかく」とらえていくこうした感覚は、ちょうど、子どもたちがそこいらにあるモノを偶然見つけて、みなでワイワイはしゃぎながら遊びをつくり出していくような、一種の造形的思考に近いものではないかと思います。

③「ありがとう」を与え合う

前章で私は、「とる」ことは生きるための最も根源的な活動だと述べました。そして、「とる」ことは「与える」ことと対《つい》関係になっているので、その関係性を両者の立場から考えなければならないということを提案しました。だれもが「とる」ことを本能的に行なえば、世の中は「とり合う」社会になってしまいます。弱肉強食の世界です。それゆえに、「与える」ことを先にしようと心配り合う「与え合う」社会も同時に求められなければなりません。お互いの特技やモノを見せ合って分かち合う「**だがしや楽校**」（一四四頁）が全国各地で開かれているのも、同じ気持ちによると感じています。

ことばやしぐさの中で私たちが最も心地よく感じられるのは、「ありがとう」という表現であると聞いたことがあります。「ありがとう」は、相手が何かしてくれることに対して、感謝の気持ちを伝える表現です。子どもは親をはじめ多くのありがたい存在からたくさんの何かを与えられながら成長します。その過程で「ありがとう」ということばの意味を体得し、今度は自分がだれかに何かを与えて「ありがとう」ということばをもらう経験をします。「ありがとう」は、人やモノとの温かく柔らかな関係性をつくり上げていく証《あかし》のことばだと言えます。

だれかがだれかに何かを「与える」という活動がなければ、「ありがとう」ということばはでてきません。「与える」活動がたくさん行なわれれば、「ありがとう」が響き合う社会になることでしょう。「ありがとう」を「与え合う」社会は、制度やしくみでつくられるわけではありません。それは、人とモノとの生きた関係性によって、少しずつ、ゆっくりとつくり上げられていく結晶物のようなものだと言えるでしょう。

以上の三点が、私が考える関係性づくりの「心得」です。

私たちはこの世に生まれ、子ども時代をへて、今、大人社会の中で「私の人生」のいずれかの段階を生きていこうとしています。私たちのごくありふれた日常は、昨日と今日が断絶するようなし方ではなく、基本的には、毎日が同じような感じでゆるやかな変化をともないながら続いていきます。本書の「はじめに」で紹介した幼児の活動場面に戻れば、子どもたちの遊び世界にはまだ、メディア、お金、組織、労働、職業、文字、学問といったものはありません。はじめにそれらがあるから何かをしているわけではありません。もともと私たちがしてきたことは、目の前にあるモノや人との関わりの中から「ゆっくりと」何かを見つけ出し、それらと一体になって楽しむという活動それ自体だったのではないでしょうか。それは、はるか長い年月をかけて、手を使い、道具をつくり、ことばを話すようになった人類の悠久の歴史とも重なります。

人間は、他の動物に比べて、大人になるまでに教育される（学習する）ことがたくさんあるため、「長い子ども時間」を持っていると言われています。つまり、この世界の人やモノと一体となるような関係性をつくって、生きることを楽しみながら「ゆっくり育つ」ことが人間の特徴なのです。人の一生の中では、大人に比べ子ども時代はわずかな時間ですが、その中で子どもは、忙しいこと（busyness）にふりまわされる大人時間と違って、人類が歩んできたゆるやかな時間を自身の中で体験しているのかもしれません（その感覚は、子育てをしてきたお母さんも感じているのではないでしょうか）。

この「はじめの時間」の営みにこそ、人間が人間らしく生きていくための、基本的な活動原理が隠されているのではないかと思います。そして、私たち大人もその基本原理に立ち戻ることができるなら、後に人類が生み出していったメディア、お金、組織、労働、職業、文学、学問といったものもまた、「私」と世界（人とモノ）を結びつける媒介物として生き生きと躍動していくのではないかと思います。

私たちは、机に座って先生から文字で何かを教わる以前に、すでに人とモノとの自在な関係性の中で活動し、そこから何かを学んでいました。私がこうした考え方をはっきり意識できるようになったのは、学校教師をしながら行なった駄菓子屋研究によります。地域に親しまれた駄菓子屋は、学校のような教育行政組織でもなければコンビニのようなチェーン化された企業でもなく、子ども相手におばあちゃんなどが一人で商ってきた店です。二〇〇八年に上梓した『輪読会版・駄菓子屋楽校―あなたのあの頃、読んで語って未来を見つめて』の最後に、私は次のような文章を書きました。

「個人主義が蔓延している今の社会に、駄菓子屋の世界観は人間生活の共同体や助け合いの気持ちを再び育ませてくれるに違いありません。／私はこの駄菓子屋研究を通して、人生のどこかに、また社会のどこかに、学校や会社や家庭だけでは括りきれない、**駄菓子屋楽校**的な要素があってもいいのではないかと思うようになりました。／三〇年前、四〇年前、五〇年前の子ども時代をふり返りながら、もう一度、私たちの人生の中に「心の駄菓子屋」を開き、それを次の世代、また次の世代へと活かしていこう、そう思っていただくことができれば、**「発想の種」**としてのこの駄菓子屋の話も本望です。」（三五四頁）

この本は、子どもの頃に駄菓子屋に通った経験のある中高年の方々（私もその一人）に向けて、自分たちが体験してきた駄菓子屋時代をふり返り、現代の私たちが忘れがちになっている大事なことをともに考えていきませんかと提案したものです（引用文中の**駄菓子屋楽校**とは、かつて放課後の駄菓子屋（「子ども店」、おばあちゃんが営むという意味では「おばあちゃん店」）をとり巻いていた遊び場を指します。**「だがしや楽校」**はその現代版の集いです）。

それに対して、今回の書は、おそらくそのような体験をしたことのない若い人たちとともに、こうした**駄菓子屋楽校**的な要素とそこから見出される人間活動の基本原理を探求し、社会の制度やしくみの枠には収まらない最も大切なことがらについて見つめ直してみようとしたものです。本書の内容をつきつめてみれば、次のようにまとめることができます。

「物の豊かさ」と「心の豊かさ」というように、豊かさを二つに分けて解釈しようとする見方があります。この場合の「物の豊かさ」は、お金と交換して手に入れられる商品をどれだけたくさん持っているかという豊かさであり、それは「物」を買うことができる「お金の豊かさ」を示しています。また、「心の豊かさ」は、お金には交換しえない人間の気持ちや精神文化の豊かさを表わしています。しかし、この**物心二分法**は、「物」はお金で買うもの、「心」は「物」とは別の世界のもの、という考えを固定させて、ものの見方・考え方、ひいては私たちの生き方そのものを限定させがちになっているのではないかと私は思っています。

人間の活動を「関係性」の視点から見直してみると、「物」は人間が抱くさまざまな「心」の動きと密接に関わった豊かな意味合いを持つものとして、そして、「心」はそうした「物」との関係性によっても育まれるものとして、これまでの**物心二分法**とは異なる姿かたちでとらえていくことができます。このような「関係性」の視点に立つならば、「物」と「心」の豊かさは、「心を介した物の豊かさ」「物を介した心の豊かさ」という**物心合一法**によって変容させることができ、「私の人生」をより豊かにしていくことができると私は信じているのです。

図４　常に生きて変化している「私」たちの**多面的関係社会**のイメージ

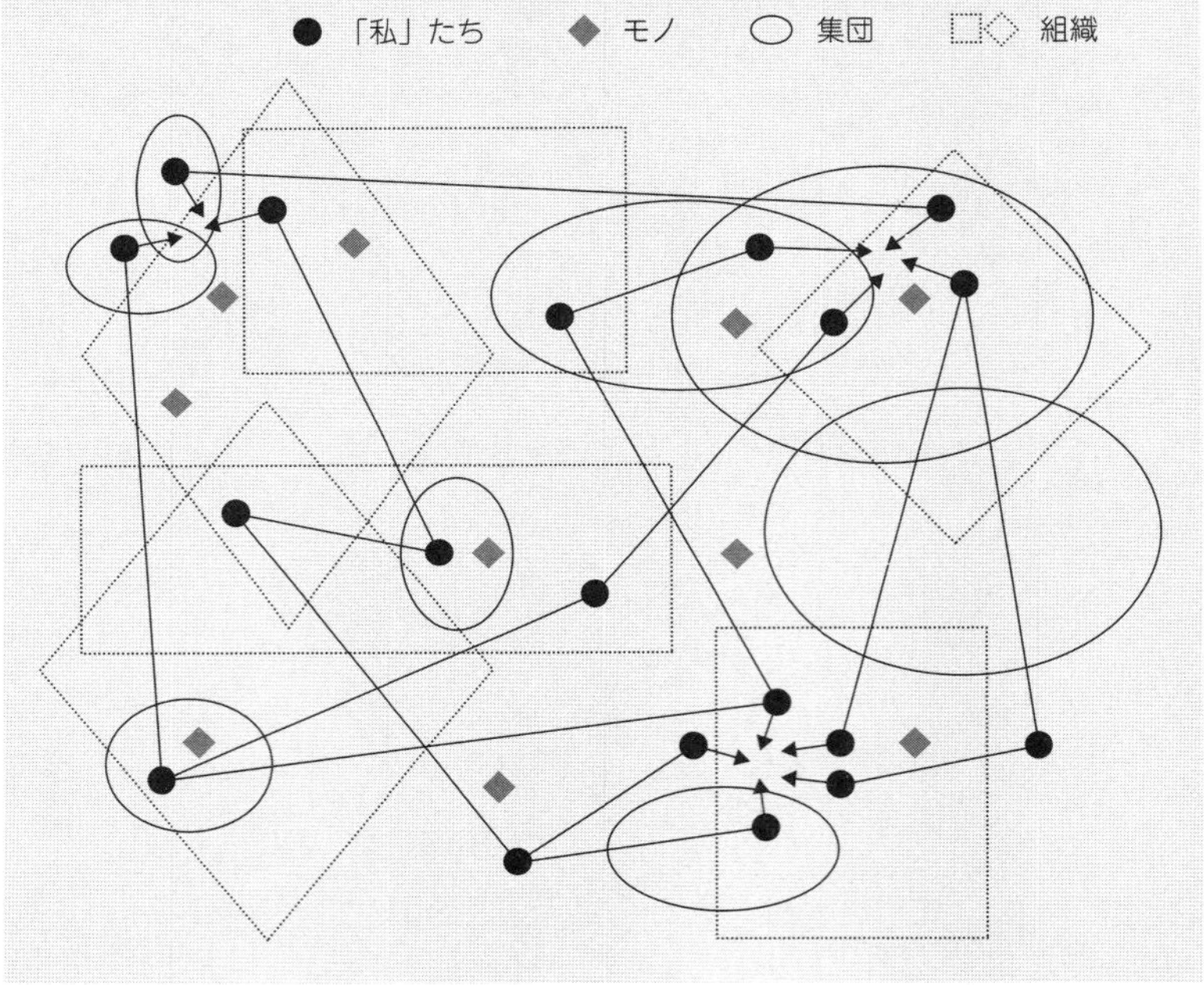

このとらえ方は、次のような活動実践によって私たちの生活に活かすことができるでしょう。

1　人と人との信頼関係にもとづくモノづくり

2　モノを通した人と人との出会いにもとづく信頼づくり

3　モノと人との関係にもとづく日々の生活づくり、すなわち「私の人生」づくり

私はこのような実践活動を、現代社会における**生活つくり方運動**として提案したいと思います。

私が思い描く「私」たちの社会

は、ゆるやかな時間を共有しながら、「私」たちとモノ、集団、組織がさまざまな場でさまざまな関係性をつくり合い、「私」どうしが互いを活かし合って生きていくような**多面的関係社会**です（図4）。この社会では、「私」たちは家族、職場、地域、国の境界を超えて、ともに生きていく**人間活動共同体**としてつながっていくことができます。これは大きな制度変革のような提案ではなく、「私」をとりまく身近なところから何か「するコト」を始めてみませんか、という小さな提案です。

このささやかな提案から、「私」が大きく変化していくことを願って。

そして、「人間活動の基本原理とは何なのか？　『私』が『私』であるとはどのようなことなのか？」という素朴だけれども大きな問いを大切にしながら、多様な「関係性」の中で人生を育て合う生き生きとした社会がつくり上げられていくことをめざして。

その過程でみなさんがつかんだ人生の「心得」は、どうぞ、次の世代に伝えていってください。

次のはじめに（夢の種まき楽校）

私がみなさんにお贈りした「私の考え」はいかがだったでしょうか？　みなさんの人生づくりを考えるヒントの一助になれば幸いです。

「はじめに」で書いたように、私がみなさんに提案したいことは、こんなふうにして、みなさんも自分自身の人生づくりのために「私の考え」をまとめてみてはいかがですか、ということです。「**だがしや楽校**」（一四四頁）で述べた、自分を他者に「見せ」るという**自分みせ**の視点からすれば、この本は私の人生体験にもとづいた「私の考え」を丸ごと「見せ」て、世界へ自己開示したものです。

現代社会に生きる若者のみなさんは、ともすると、入学試験や就職試験を一つの最終ゴールに、個々の断片的な知識を自分には関係のないことのようにして学び、そのことに疑問や違和感を抱きながらも、「試験のための勉強」を繰り返しがちになっているのではないでしょうか。もしそうであれば、それは辛いことでもあるでしょう。何とかよりよくなってほしいと思います。そのような努力は、

図1

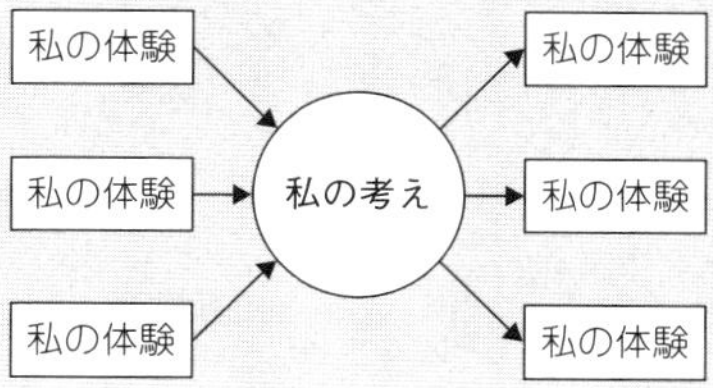

試験に合格した後の人生設計や、基礎的な知識の習得や、目標に立ち向かう態度の涵養などには役立つでしょうが、そのために自分そのものを見失っては肝心の主体がなくなってしまいます。長い人生の中でより大切なのは、自分が体験している日常活動すべてから学び、これから試みようとするあらゆる活動が生き生きとしてくるような「私の考え」をつくり上げていくことだと思います（図1）。それは、ものの見方・考え方という点では「私の世界観」を、自分の生き方という点では「私の人生観」をつくり上げていくことになるでしょう。

私は、このような〈「私の考え」づくり〉を新たな時代の「人文主義的教養」（人文的教養）として提案したいと思います。「人文主義」（ヒューマニズム）とは、もともと一四世紀から一六世紀のヨーロッパ・ルネサンス期に、キリスト教的世界に対して人間性を中心にした見方・考え方を再生する文芸運動として起こりました。現代の社会に、人文的教養の価値を新たに再生する意義は大いにあると私は考えます。複雑な組織、高度な技術、専門化された学問、抽象的なことば、間接的なメディア、欲深なマネー、環境の破壊など、私たちの社会は今、自分たちが生み出したものによって非人間的になりがちな様相を深めており、これまでの在り方を見つめ直さなければならない局面にあると言えます。私たち人間は、どのような時代や社会に生きても、より人間らしく生

写真1　筆者連載「夢の種まき楽校」（山形新聞、2009年3月17日夕刊。同名のブログで記事の一部を見ることができます）

山形新聞　2009年（平成21年）3月17日（火曜日）

夢の種まき楽校　松田道雄

ご当地モノづくり

静岡県でも、山形発祥の「だがしや楽校」を地元の方が開いています。伊豆市では子ども団体が、三島市では市民団体が三島大社で開催。そして先日は、静岡市と焼津市でそれぞれ、行政と市民の共催で開かれました。

静岡市はおでんが有名。駄菓子屋にもあるのが特徴です。だがしや楽校でも、地元のおでん屋さんが店を出していました。静岡おでんには、黒はんぺんが入っています。黒はんぺんは、サバやイワシをすりつぶした練り製品で、なぜか片側だけが盛り上がった形をしています。

漁港で知られる焼津市で開かれただがしや楽校では、創業百年の黒はんぺん店店主、山下實さん(76)が、囲碁仲間と一緒に、親子連れに黒はんぺんづくりを教えていました。

すり身を木型に包丁で盛ってから熱湯に入れます。その時の盛り方によって片側だけが山になるのでした。

「へえー、だから、はんぺんは、片側が盛り上がっているの！」

「焼津の人は、みんなつくり方を知っているんじゃないですか？」

「そんなの、はんぺん屋しか知るわけないじゃない」

地元のお母さんお父さんと子どもも、初めての体験だったようです。それぞれの地域には、特色あるモノづくりがありますが、その現場を知っているのは、製造に携わっている人だけです。地域の人が学ぶことができるのは、こうした実演体験の場があることによってでしょう。

子どもの学習は「体験してわかる」ことですが、社会の生産活動を担っている大人の学習は「調べてつくる」ことにも発展します。漁港の町焼津には、漁船の帆布をつくっている工場もあります。だがしや楽校を開いている地元の人たちが地域調べをしたところ、帆布工場で働くおばあさんたちが、帆布の残り生地でバッグをつくっていることが分かりました。そこで「やーづ（焼津）バッグ」の名前で、バッグをおばあさんたちにあつらえてもらい、地元の特産にしようと動きだしています。

風土に息づくモノづくりを生活文化学習として行い、それをほかの地域と交流させていけば、互いに豊かな地方生活が生み出されていくように思います。

（着想家、山形市）

＝毎週火曜日に掲載します

帆布の残り生地で作ったカラフルな「やーづバッグ」

黒はんぺんづくりを体験する子どもたち—静岡県焼津市

きることを求め続ける生き物です。「人文」と「教養」は、そのためにあるのではないでしょうか。「私の考え」をつくりながら充実した生活をしていこうとすることと「人文的教養」を身につけることは、同じ意味合いを持つものとしてつながっているのです。

本書に述べた個々の体験にもとづく部分部分の私の考えについては、次の二つの連載に発表しています。一つは、社会教育活動や公民館活動への提案として月刊誌『社会教育』（全日本社会教育連合会）に書いているもの（「生涯にわたって社会のいたるところで学ぶための方法序説〈発想する！授業〉」二〇〇六年五月号より毎月）、もう一つは、身近な日常生活の視点に立った市民への提案として私の地元、山形新聞に書いているもの（コラム**「夢の種まき楽校」**二〇〇六年四月より毎週火曜日夕刊）です（**写真1**）。

また、東北芸術工科大学での**「午後の教室」**（五八頁）や「こども粘土パン」（七〇頁）などの実践は、同大学こども芸術教育研究センターの研究紀要や機関誌に報告しています。これらの活動は、同センター長・片桐隆嗣先生のもとで文部科学省オープン・リサーチ・センター整備事業の採択を受けて行なわれました。芸術の可能性を人間教育や社会活動の領域に問いかけたこれらの実験的な成果は、同大学芸術学部に新設された総合美術コースのカリキュラムにも取り入れられて、今後も引き続き授業に生かされていくことになるようです。

本論の原稿は、二〇〇八年度の同大学「こども芸術教育概論」の授業で毎回資料として用い、学生からたくさんの反応をもらいました。この授業の受講生・馬飼野華恵《まかいのはなえ》さんが描いた本書のカバー図案も、その応答の一つです。本書の原稿づくりと同じように、この図案も何度も手直しを重ねてねり上げられ、本書の内容を独自に表現する「もう一つの世界」として描き出されました。

四方八方に広がる私の考えを一冊の人文的教養書としてまとめることができたのは、拙著『駄菓子屋楽校』(二〇〇二年、二〇〇八年)を世に出していただいた編集者との話し合いからです。人生やものごとの価値を嗅ぎわける人文的センスとは何か。それを若者とともに考えていくような本をつくろう。これが、本づくりの出発点でした。本文中のことばで言えば、本書はまさに編集者との「協力し合う関係」による「キャッチボール」によってつくり出されたものです。私が編集者に投げたボールを編集者が真摯に受けとめ返球してくれます。その繰り返しによって、「私の考え」もねり上げられていきました。〈「私の考え」は関係性によってつくられる〉ということを、この本づくりを通して私自身が堪能することができました。われながら「一体、いつになったらできるのだろうか」と思うほど手直しする私の相手を根気強く続けて、本書を産み出してくださった編集者・山田洋氏と、たくさんの図版を見事にレイアウトしてくださった吉住亜矢氏に心から感謝申し上げます。当初は、本書を大学の半年の授業に見立てて一五回分の構成で考えましたが、それを五章に大別してまとめ、最終的には三章構成に濃縮しました。

私がこの原稿を書いた「書斎」は、「遊牧的な空間」です。月曜日から木曜日は、高千穂大学の「ゼミ」の授業で本論の考えを取り入れ、空き時間には研究室や図書館で文献を漁ってパソコンに向かいました。木曜日の夕方には東京から山形に向かう新幹線に乗って原稿を手直しし、金曜日の東北芸術工科大学の授業では本論原稿を資料に用いました。そして週末には山形の自宅で再びパソコンに向かい、日曜日の午後、東京に向かう新幹線の中で再び原稿を手直しするといった「週間（習慣）生活」を繰り返しました（**写真2**）。

そのような生活の中で、高千穂大学の教職員のみなさんの人間味ある温かい応対は、私の東京の印象を親しみのあるものにし、東北芸術工科大学の教職員のみなさんの進取の気性ある取り組みは、私のふるさとに活力を感じさせてくれました。両大学の学生（若者）たちが自分のこれからの人生と現在の社会に対してたくさんのコトを考えながら生活していることもあらためてわかりました。

写真2　山形新幹線「つばさ」の車内での原稿書き（2008年秋）

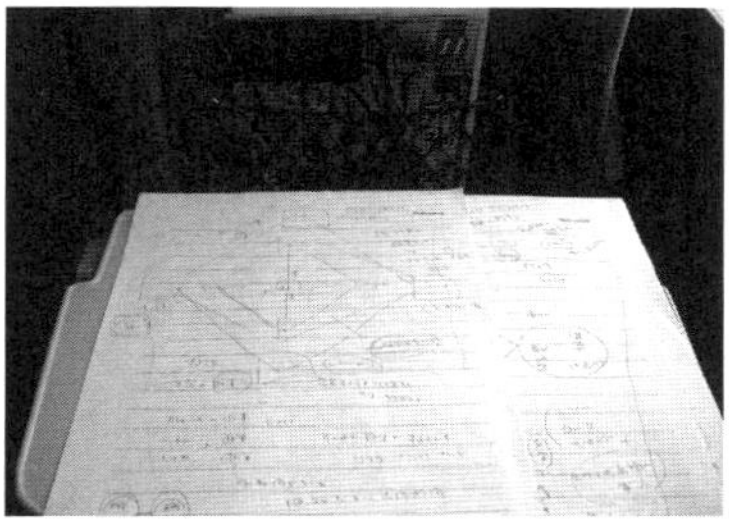

写真３　「遠藤ハウス」の部屋での朝の原稿書き（2008年秋）

東京での住まいの変化も、私に大きな刺激となりました。最初の半年はアパートでの一人暮らしを経験し、その後、偶然に近所の魚屋さんが紹介してくれた留学生のホームステイハウス「遠藤ハウス」（東京・杉並区）に一部屋借りて半年間生活させていただきました。毎朝、窓を開けて朝日が昇る空を眺めながら朝食前に原稿を書きました（**写真３**）。本文中にも紹介しましたが（一二二頁）、夜は手づくりの食卓を囲んで、遠藤ファミリーと世界各国から来ている若者たちとの「世界家族」的な会話になごまされ、その豊かなひとときが知的好奇心をも喚起させてくれました。留学生たちもこの「家」で、親身なお世話焼き、お好み焼き体験、おばあちゃんがつくる一品おかず、バナナケーキの香り、玄関の鐘の音、「いってきま～す／いってらっしゃ～い」「ただいまァ～／おかえり～」という日本的なあいさつなど、全身で人間活動の豊かさを味わい帰国していくようです。

この原稿を書いていた時の私の「世界家族」は、ハッサン君（サウジアラビア）、ヨーヨー君（中国）、カーウイン君（マレーシア）、クリストフ君（フランス）、ヨワキム君（スウェーデン）、ウィサム君（シリア）、あさ子さん、直さん、智夫さん、芳恵さん、雄一さん、好子さん、おばあちゃん、和彦さんでした。高校の英語の先生からガードマンを経験し、一五年をかけてライフワークの英和辞典の研究（本邦初）で博士論文をまとめたご主人の智夫さん（現在は工学院大学の英語の先生で、英単語についての著作や家族についてのエッセーも出版しています）や、家族的な関係性の広がりによる世界平和を願いながらホームステイハウスを営んでいるホストマザーの芳恵さんをはじめ、遠藤ハウスのファミリーもまさにすばらしい**人生芸術家**です。智夫さんには本書の原稿のチェックもしていただきました。ありがとうございます。

私がこんな「遊牧生活」を続けられているのも、週の半分以上、私の分もいろいろ家のことをしてくれている妻のおかげです。駄菓子屋の研究をした時に幼稚園児だった娘は若者世代になり、私も一人の親として若者を考えることになりました。私がこの原稿を書いている時、娘は大学受験をめざし勉強していました（私は、「原稿書きがんばるぞ」と言いながら、「やっぱり大人は健康第一だな」を大義名分にしてマイペースの暮らし方で娘より早く寝ていました）。

この本の中身に書いた考えが私の中に芽生え、本という形になるまでに、私はどれくらいの人たちやモノたちと関わってきたでしょうか。それはこれまでの人生体験と重なるわけですから大変な数になります（古今の本の著者も含めれば膨大です）。近くの山がはっきり見えて、遠くの山が淡く霞む空気遠近法のように、現在直接お世話になっている人たちやモノたちはくっきりと目に浮かんできますが、その背後にもたくさんの人たちとモノたちがいて（あって）、それらすべての人とモノたちのお世話と影響によってこの本はでき上がりました。遠藤ハウスの芳恵さんが留学生に教えていることばを借りれば、まさに「みなさんのおかげです。ありがとうございます」という気持ちに尽きます。

前著『駄菓子屋楽校』を出してからは、各地で開かれている**だがしや楽校**などを通して、全国各地の公民館や社会教育関係の方々、市民活動家、自営の仕事を探求している方々、そして自分づくりを模索している数多くの人たちともすばらしい出会いが生まれました。私は今も、「人」や「モノ」との関係性の原理を探求しながら、全国各地のみなさんと〈「私の考え」づくり〉や〈関係性づくり〉をともに行なう**人間活動共同体**の一員として、数々の創造活動に参加しています。

この本によってさらに、若者のみなさんの〈「私の考え」づくり〉と〈「人生」づくり〉を応援し、生きた社会で楽しい人間活動を創出・実践していきたいと思っているところです。そのような学びが、私が思い描く「**夢の種まき楽校**」なのです。

次のはじまりが、ふつふつふつふつと、わき上がってきます…。

二〇〇九年五月　新緑の谷根千を散歩できる新たな住まいにて

着想家　松田道雄

造語をどうぞ（本文中の丸ゴチ文字です。掲載順）

⦿はじめに

人間活動論　人生学習　総合生活環境芸術創造集団
関係性のデザイン　だがしや楽校　天分楽校　午後の教室

⦿第一章　「私とモノ」の関係

野生のモノづくり　ボランチャー　デジタリアン　隣人類
遠人類　両生人間　モノづくる　モノづかう　多面的付加体
多面的活用会議　関係遊び　活動変容論　生きがい活動
知動合一　生活混合学習　仕事ことば　食事ことば　話食同源
話食文化　話菓子《わがし》　八想用紙

⦿第二章　「私と人」の関係

関係のてんびん　箱型ふるさと絵本　非貨幣（ノーマネー：NM）
混合活動　とり合う社会　分け合う社会　人間感情マップ
教育学習者　教育学習関係
非組織（ノンオーガナイゼーション：NO）
青空喫茶店　生き活きレストラン　ふるさと玉手箱
分けっこバッグ　おやお屋！　ファニーワールド・ネットワーク
子ども性　老人性　自分みせ　三角学習　文殊の寄り合い

⦿第三章　「私」の内なる関係

生き方学習　内なる関係性　生《い》き形《かた》　人生芸術　人生芸術作品
人生芸術論　人生資産　多層時間体験　人生学習　四事
地球の庭　駄菓子屋楽校　発想の種　物心二分法　物心合一法
生活つくり方運動　多面的関係社会　人間活動共同体

⦿次のはじめに

人生芸術家　夢の種まき楽校

山本駿治朗編『傑作画集成・明治のこども遊び』（図書刊行会、1990）
ブーバー，マルティン／植田重雄訳『我と汝・対話』（岩波文庫、1979）
モンテスキュー／野田良之訳『法の精神（上・中・下）』（岩波文庫、1989）

⦿第三章　私の人生

生きかた学部編集局『天分楽校』（みちのく書房、2004）
中沢新一『芸術人類学』（みすず書房、2006）
モリス，ウイリアム／五島茂、飯塚一郎訳『ユートピアだより』（中央公論新社、2004）
宮澤賢治『新校本　宮澤賢治全集　第13巻』（筑摩書房、1997）
ピンク，ダニエル／池村千秋訳『フリーエージェント社会の到来―「雇われない生き方」は何を変えるか』（ダイヤモンド社、2002）

私の研究報告

松田道雄「発想する！授業―子どもの活動から学ぶ」『こども芸術教育研究 vol.1』（東北芸術工科大学こども芸術教育研究センター、2006）
同「学生たちの100の授業―自分・感覚・思考・活動・仲間」『こども芸術教育研究 vol.2』（同、2007）
同「なぜ、これが教育なの？―活動変容・生活混合学習の可能性」『こども芸術教育研究 vol.2』（同、2007）
同「芸術とデザインによる『午後の教室』の実践」『こども芸術教育研究 vol.3』（同、2008）
同「魔法のクレヨン」『こども芸術大学 vol.1』（同、2006）
同「『芸術専門指導員』の養成を考える」『こども芸術大学 vol.2』（同、2008）
同「放課後へのアプローチ」『こども芸術大学 vol.3』（同、2009）

ギブソン，エレノア／佐々木正人、高橋綾訳『アフォーダンスの発見―ジェームス・ギブソンとともに』（岩波書店、2006）
コール，マイケル／天野清訳『文化心理学―発達・認知・活動への文化－歴史的アプローチ』（新曜社、2004）
バシュラール，ガストン／前田耕作訳『火の精神分析』（せりか書房、1999）
同／及川馥、小井戸光彦訳『科学的精神の形成―客観的認識の精神分析のために』（国文社、1990）
オング，ウオルター＝J／桜井直文、林正寛、糟谷啓介訳『声の文化と文字の文化』（藤原書店、2005）

⊙第二章　「私と人」の関係

モース，マルセル／有地亨訳『贈与論』（勁草書房 、2008）
ジオノ，ジャン／寺岡襄訳『木を植えた男』（あすなろ書房、1989）
レヴィ＝ストロース，クロード／中沢新一著訳『サンタクロースの秘密』（せりか書房、1995）
バタイユ，ジョルジュ／中山元訳『呪われた部分　有用性の限界』（筑摩書房、2003）
マーク・トウェイン／大久保博訳『王子と乞食』（角川書店、2003）
スミス，アダム／水田洋訳『道徳感情論（上・下）』（岩波文庫、2003）
ベイトソン，グレゴリー／佐藤良明訳『精神と自然―生きた世界の認識論』（新思索社、2006）
ケストラー，アーサー／田中三彦、吉岡佳子訳『ホロン革命』（工作舎、1983）
トフラー，アルビン／田中直毅『アルビン・トフラー「生産消費者」の時代』（NHK 出版、2007）
河合隼雄『母性社会日本の病理』（講談社、1997）
中根千枝『タテ社会の人間関係―単一社会の理論』（講談社現代新書、1967）
ユクスキュル，ヤーコプ・フォン、ゲオルク・クリサート／日高敏隆、羽田節子訳『生物から見た世界』（岩波文庫、2005）
ワッツ，ダンカン／辻竜平、友知政樹訳『スモールワールド・ネットワーク―世界を知るための新科学的思考法』（阪急コミュニケーションズ、2004）
バラバシ，アルバート・ラズロ／青木薫訳『新ネットワーク思考―世界のしくみを読み解く』（NHK 出版、2002）
パットナム，ロバート・D／柴内康文訳『孤独なボウリング―米国コミュニティの崩壊と再生』（柏書房、2006）

参考図書館（掲載順は本論の構成にもとづいています）

⦿はじめに

田中美知太郎、藤沢令夫編『プラトン全集』（全15巻、岩波書店、1975～6）

デカルト，ルネ／谷川多佳子訳『方法序説』（岩波文庫、1997）

松田道雄『輪読会版・駄菓子屋楽校―あなたのあの頃、読んで語って未来を見つめて』（新評論、2008）

同『駄菓子屋楽校―小さな店の大きな話・子どもがひらく未来学』（新評論、2002）

松田道雄、矢部亨（文）／たるいすみお（絵）『だがしや楽校のススメ』（創童舎、2003）

竹本美恵、田中靖子、丹波恵子『だがしや楽校が未来を救う』（ロゼッタストーン、2006）

矢野智司『自己変容という物語』（金子書房、2000）

同『意味が躍動する生とは何か―遊ぶ子どもの人間学』（世織書房、2006）

同『贈与と交換の教育学―漱石、賢治と純粋贈与のレッスン』（東京大学出版会、2008）

宮沢賢治『新編銀河鉄道の夜』（新潮文庫、1989）

竹内慶夫編訳『セレンディップの三人の王子たち』（偕成社、2006）

⦿第一章 「私とモノ」の関係

レヴィ＝ストロース，クロード／大橋保夫訳『野生の思考』（みすず書房、1976）

マクルーハン，マーシャル／栗原裕、河本仲聖訳『メディア論―人間の拡張の諸相』（みすず書房、1992）

マクルーハン，マーシャル、クエンティン・フィオーレ／南博訳『メディアはマッサージである』（河出書房新社、1995）

フォザ，ジャン＝クロード、アンヌ＝マリ・ギャラ、フランソワーズ・パルフェ／犬伏雅一、前川陽郁、前田茂訳『イメージ・リテラシー工場―フランスの新しい美術鑑賞法』（フィルムアート社、2006）

玉成恩物研究会『フレーベルの恩物であそぼう』（フレーベル館、2000）

カイヨワ，ロジェ／多田道太郎、塚崎幹夫訳『遊びと人間』（講談社、1990）

小林秀雄『本居宣長（上・下）』（新潮文庫、1992）

あなたの生《い》き形《かた》を描いてみてください。

*「がってんノート」。黒板のタテ・ヨコのサイズを縮小した**関係性のデザイン**による通称「黒板ノート」。ノートの問い合わせ：ＨＰ「だがしや楽校オン・ザ・ウェッブ」内「おやお屋！」

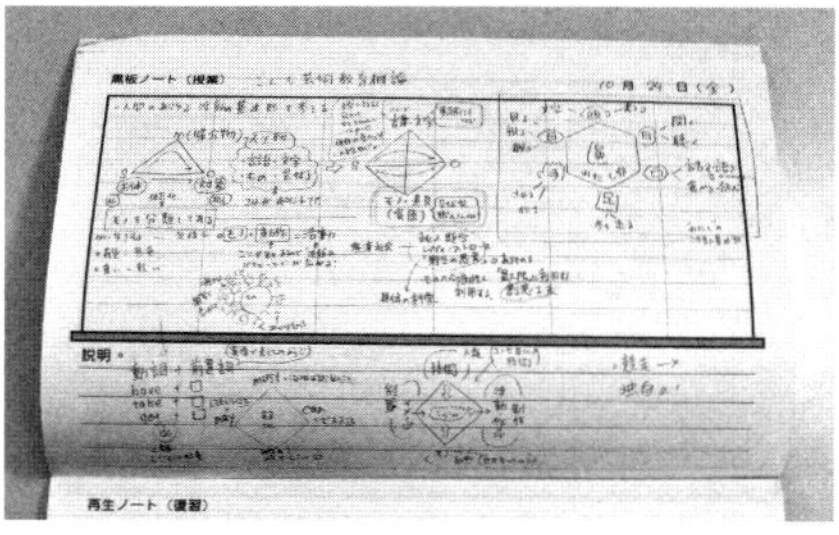

本書の考えを授業で学んだ学生のノート
（東北芸術工科大学「こども芸術教育概論」受講生、2008年）

著者紹介

松田道雄（まつだ・みちお）

1961年山形市生まれ。着想家。1984年山形大学人文学部卒業。山形県内中学社会科教員になり，現職大学院生として1997年山形大学大学院教育学研究科修士課程修了（修士論文「駄菓子屋の教育的意義」)。山形県埋蔵文化財センター研究員から中学教員にもどり，2006年東北芸術工科大学こども芸術教育センター准教授，2008年より高千穂大学人間科学部准教授，東北芸術工科大学非常勤講師。東京・杉並区社会教育委員，すぎなみ大人塾学習支援者（杉並区，2009年)。全国各地で開かれている「だがしや楽校」や公民館活動，地域づくりに参加し，人・モノ・コトづくりを実践しながら本書の人間活動論を「人生学習」のリテラシーとして提案中。主著『駄菓子屋楽校』（新評論，2002／輪読会版2008)，『天分カフェ』（彩流社，2003)，『だがしや楽校のススメ』（共著，創童舎，2003）など。「壁画－ニット」プロジェクトでロレックス賞佳作受賞（1993)。現在連載，「夢の種まき楽校」（山形新聞火曜日夕刊)，「生涯にわたって社会のいたるところで学ぶための方法序説〈発想する！授業〉」（「社会教育」全日本社会教育連合会)。問い合わせは，ブログ「夢の種まき楽校」から。「だがしや楽校」の問い合わせは，HP「だがしや楽校オン・ザ・ウェッブ」にどうぞ。

関係性はもう一つの世界をつくり出す
——人間活動論ノート　（検印廃止）

2009年7月5日　初版第1刷発行

著　者　松　田　道　雄
発行者　武　市　一　幸

発行所　株式会社　新　評　論

〒169-0051　東京都新宿区西早稲田3-16-28
http://www.shinhyoron.co.jp
電話　03（3202）7391
FAX　03（3202）5832
振替　00160-1-113487

装　訂　山　田　英　春
印　刷　神　谷　印　刷
製　本　桂　川　製　本

ISBN978-4-7948-0798-4
Printed in Japan